Heiko Martens-Scholz

Smart Success

Heiko Martens-Scholz

Smart Success

Mit Hi-Tec-Motivation zu mehr Erfolg und Lebensqualität

Mit Audio-Aktiv-CD

Bibliografische Information Der Deutschen Nationalbibliothek
Die Deutsche Nationalbibliothek verzeichnet diese Publikation in der
Deutschen Nationalbibliografie; detaillierte bibliografische Daten sind im Internet über
<http://dnb.d-nb.de> abrufbar.

1. Auflage 2008

Lektorat: Manuela Eckstein

Der Gabler Verlag ist ein Unternehmen von Springer Science+Business Media.
www.gabler.de

Umschlaggestaltung: Nina Faber de.sign, Wiesbaden
Satz: ITS Text und Satz Anne Fuchs, Bamberg
Druck und buchbinderische Verarbeitung: Wilhelm & Adam, Heusenstamm
Gedruckt auf säurefreiem und chlorfrei gebleichtem Papier
Printed in Germany

ISBN 978-3-8349-0538-3
Additional material to this book can be downloaded from http://extras.springer.com

Vorwort

Wenn Sie „Smart Success" in der Hand halten, haben Sie mit Sicherheit bereits andere Bücher über Erfolg, Selbstmanagement und Zielsetzung gelesen oder zumindest *angelesen*. Das Weglegen von Büchern nach der Lektüre der ersten Seiten hat ja eine ganz eigene Tradition. Es gibt wohl kaum aussagekräftige Statistiken darüber, wie hoch der Anteil angelesener Bücher in den deutschen Bücherregalen ist. Dennoch gibt es sicher kaum ein Bücherregal, in dem sich ausschließlich gelesene Bücher stapeln.

Natürlich wünsche ich mir, dass Sie „Smart Success" ganz lesen werden. Denn dieses Buch ist anders als die meisten Erfolgsbücher. „Smart Success" wird Sie motivieren, sich bewusst und aktiv mit Ihrem persönlichen „Erfolgskonzept" auseinanderzusetzen.

Ich möchte Sie in erster Linie dazu ermutigen, in den kommenden Wochen mit Unterstützung einer neuen Technik eine ganz neue Erfahrung mit Ihren Zielen zu machen. Vorausgesetzt, es gelingt mir, Sie zum Einlegen der Begleit-CD in Ihren CD-Player zu bewegen, kann ich Ihnen zumindest eines versprechen: Sie werden mit Hi-Tec-Motivation eine ganz neue Dimension der Zielmotivation kennen lernen, eben Smart Success.

Die einzelnen Kapitel des Buches werden Ihnen helfen, Ihren Erfolg als ganzheitlichen Prozess wahrzunehmen. Sie werden beginnen, Ihre früheren Erfahrungen mit klassischen Zielsetzungstechniken mit Ihren neuen Erfahrungen zu vergleichen. Experimentieren ist erwünscht! Sie können entweder wie gewohnt linear vorgehen und das Buch systematisch durcharbeiten. Oder Sie picken sich die Rosinen heraus und konzentrieren sich nur auf das, was Ihnen zunächst wichtig erscheint.

Das Buch ist wie ein Betriebshandbuch oder Workshop aufgebaut. Im ersten Teil finden Sie alle wichtigen „Systeminformationen". Sie bilden eine anschauliche Grundlage für den Praxisteil und die Übungen auf der CD.

Auch wenn für Sie die Grundlagen im ersten Teil des Buches nicht alle neu sind, der Praxisteil ist es bestimmt. Denn mit der Hi-Tec-Audioaktiv-CD erhalten Sie ein Instrument an die Hand, mit dem Sie jeden Tag ohne großen Aufwand an Ihrem Zukunftsdesign wirken können.

Der Praxisteil ist eine Art Workshop, in dem Sie Ihr persönliches „Life-Design" zusammenstellen können. Es ist leichter, als Sie denken! Der Motivationstext der Audioaktiv-CD wird Sie dabei unterstützen, durch kreatives Denken in sich hineinzuhorchen. Lebensziele kann man nicht verordnen, wie das in manchen Seminaren oder in firmeninternen Zielvereinbarungen mitunter geschieht. Ziele zu definieren, ist eine Art Entdeckungsreise in das eigene Ich, in Ihr Potenzial und Ihre Möglichkeiten, Ihre Wünsche, Neigungen und Sehnsüchte. Lassen Sie sich Zeit damit, und gehen Sie die kleinen Schritte. Denn jede Reise beginnt ja bekanntlich mit dem ersten Schritt.

Ein englisches Sprichwort lautet: „People don't plan to fail, they just fail to plan." Frei übersetzt: Menschen planen keine Misserfolge, sie vergessen einfach, ihren Erfolg zu planen. Veränderungen kommen selten über Nacht mit einem lauten Knall. Unser Schicksal wird gewoben aus dem Garn, das wir Alltag nennen. Es sind die kleinen Dinge, die in der Summe unsere Lebenszukunft ausmachen. Deshalb sollten wir auch hier ansetzen.

Hinweis

Die in diesem Buch vorgestellten Verfahrensweisen, Übungen und Methoden sind wissenschaftlich evaluierte und anerkannte Selbsthilfemethoden zur Entspannung und Motivation. Der Verlag und der Autor übernehmen keinerlei Haftung für die Anwendung der Übungen. Sie sind kein Ersatz für medizinische oder psychologische Behandlung bei gesundheitlichen Problemen.

Hi-Tec-Motivation ist ein eingetragenes Warenzeichen.

Inhaltsverzeichnis

„Was immer Du tun kannst oder
wovon Du träumst, beginne es!
In Kühnheit steckt Macht, Genie
und Magie – beginne es jetzt!

Johann Wolfgang von Goethe

Einleitung

In den 1980ern prophezeiten uns Futurologen das „Paperless Office“ für die Jahrtausendwende. Tatsächlich ist jedoch die Papierflut seit der Einführung des Inkjet und Digitaldruckers ins Unermessliche angeschwollen. Die moderne Gehirnforschung erlebte eine ähnliche Fehlprognose. Im Zuge der „Mentalisierung“ des Leistungssports während der Olympischen Spiele von 1972 erwartete man für das Ende des 20. Jahrhunderts, dass mentale Techniken zur Alltagsroutine des Menschen gehören würden. Tatsächlich ist jedoch der Anteil der Leistungssportler, die ihre Performance aktiv mit Mentaltraining optimieren, seit Jahren stagnierend. Ähnliches gilt auch für die modernen Management- und Selbstmanagement-Techniken.

Dennoch hat sich der theoretische Wissensstand über Motivationspsychologie und Erfolgsdenken in den vergangenen 25 Jahren enorm entwickelt. Kaum ein Frauenmagazin verzichtet heute auf Tipps zur positiven Lebensbewältigung. In Rubriken wie „Lifestyle“ oder „Wellness“ finden wir selbst in Fernsehzeitschriften und den einschlägigen Männermagazinen Tipps und Tricks für ein erfolgreiches Selbstmanagement im Alltag. Besonders beliebt ist es, asiatische Techniken wie Yoga oder Qui Gong mit westlichen Methoden zu verknüpfen. Während meines Studiums in den 1980ern galt das „entspannte Visualisieren“ eines angestrebten Ziels unter europäischen Akademikern noch als „esoterisch“ oder zumindest „exotisch“. „Positives Denken“ wurde gar als profaner Anglizismus betrachtet, als weltfremde Schönfärberei amerikanischer Schauspieler, die unbedingt Präsident werden wollten. Yoga war nur etwas für Ökofreaks.

Diese Einstellung spiegelte sich auch in der Literatur wider. Der Büchermarkt war von englischen und amerikanischen Autoren wie Dale Carnegie, Joseph Murphy oder Norman Vincent Peale beherrscht. Ihre Werke waren geprägt von einem puristischen Erfolgsglauben, der sich schwer mit der analytischen Weltsicht eines deutschen Betriebswirts auf einen Nenner bringen ließ. Erfolg, so las man in diesen Erfolgsfibeln unisono, sei einzig das Ergebnis eines festen Glaubens an sich selbst und seine persönlichen Ziele. Man müsse nur häufig genug die eigenen Erfolgsformeln vor dem Spiegel „herunterbeten", und schon stelle sich wie durch Zauberhand der Erfolg von selbst ein.

Dass diese Art der „esoterischen" Erfolgsphilosophie gerade uns Deutschen suspekt und verschlossen blieb, ist verständlich. Das analytische Denken prägt bis heute die höhere Bildung in Deutschland. Anders der angelsächsische Kulturraum. Das „Empire" war früh geprägt von der Eroberung und Besiedelung der neuen Kolonien in Übersee. Die Siedler standen vor einer fremden und oft feindlichen Welt. Das visionäre, gestaltende Denken wurde hier zum Überlebensfaktor. Dies galt besonders auch für das Unternehmertum in Nordamerika. Unternehmerisches Denken war hier vor allem visionäres Denken. Daraus folgte schöpferisches Handeln. Eine Eisenbahn durch die Rocky Mountains im Westen der USA oder die Elektrifizierung der Ostküste brauchte eben Visionäre und Abenteurer mit Wagemut.

Ein besseres Grundverständnis dieser kulturellen Unterschiede würde vermutlich einen Großteil der Vorurteile gegenüber dem „Erfolgsdenken" bei uns Deutschen ausräumen. Erst wenn wir diese kulturellen Vorbehalte durch behutsame und sachliche Aufklärung abbauen, wird es möglich, einen ganz eigenen Weg zu einer zeitgemäßen Erfolgskultur zu entwickeln.

Die Fußballweltmeisterschaft von 2006 war ein beeindruckendes kollektives „Erfolgserlebnis". Ein Ausnahmezustand der besonderen Art, der uns vor Augen geführt hat, welche Energien freigesetzt werden, wenn man auf ein gemeinsames Ziel hinarbeitet und dabei eine gewisse Begeisterung entwickelt. Sicher nicht ganz unerheblich für den überraschenden Erfolg der deutschen Mannschaft: Jürgen Klinsmann setzte ganz gezielt auf moderne „Erfolgstechniken". In Kalifornien, „Klinsis" Wahlheimat, gehört anders als bei uns Mentaltraining zum Standard in der Sportbetreuung.

Eine weitere Voraussetzung für die Entwicklung einer seriösen Erfolgskultur hat sich erst in den letzten drei Dekaden allmählich herausgebildet: die moderne Gehirnforschung. Die Computertomographie ermöglicht es heute, Denkprozesse im Gehirn direkt zu beobachten. Die wichtigste Erkenntnis lautet hier: Das Gehirn behandelt „vorgestellte" Bewegungen und „tatsächliche" gleich. Beide erzeugen ein typisches Muster in den Gehirnarealen, die Bewegungen steuern.

Eine andere wichtige Bestätigung für die Wirksamkeit von Erfolgstechniken sind die Forschungen auf dem Gebiet der Entspannung. Das bewusste Entspannen durch Meditation oder autogenes Training verändert nachweislich die Gehirnaktivität. Wir werden später ausführlicher auf diese Phänomene eingehen.

Die meisten heute bekannten Selbstmanagement- und Erfolgssysteme basieren auf ähnlichen, wenn nicht gar identischen Modellen. Sie wurden entwickelt in einer Zeit, als sie wissenschaftlich noch nicht validiert werden konnten. Hilfsmittel zur Umsetzung im Alltag waren im „Low-Tech-Bereich" angesiedelt. Sie bestanden primär aus Büchern, Seminaren, Zeitplanern und Checklisten. Ich selbst lernte im Studium als wichtigstes Erfolgs-Tool Stift und Papier ganz neu kennen. Das Aufschreiben von Zielen galt im 20. Jahrhundert als eine der zentralen Erfolgstechniken im amerikanischen Managementtraining.

Die heute nachwachsende Generation an Management- und Erfolgsautoren ist wesentlich geprägt von einem neuen Gefühl der Souveränität in Deutschland. Ihre Vertreter haben einen ganz eigenen Stil entwickelt. Professionalität paart sich mit dem Anspruch authentischer Wissensvermittlung. Verzichtet wird auf weltfremde Metaphysik, wie sie beispielsweise für den Esoterik-Boom der 1980er prägend war. Stattdessen rückt das im Alltag „Machbare", die Usability, in den Vordergrund. Zunehmend wird dieser neue Pragmatismus gekoppelt mit „Tools" und Multimedia. Moderne Technik unterstützt die Leser und Anwender von Erfolgssystemen bei der Umsetzung. Dieser Trend – weg von Weltbild und Exzentrizität und hin zur nüchternen Feasiblity – hat in den vergangenen Jahren eine breite Akzeptanz dieser neuen deutschen Erfolgskultur in Wirtschaft und Gesellschaft ermöglicht.

Eine der führenden Plattformen für die Vermarktung von Managementautoren und Erfolgstrainern im deutschsprachigen Raum ist die Stuttgarter Firma Speakers Excellence. Das Familienunternehmen unter Leitung von Jana und Gerd Kulhavy hat sich das ehrgeizige Ziel gesetzt, die besten Erfolgsautoren und Referenten unter einer Dachmarke zu positionieren. Ein systematisches Qualitätsmanagement, differenziertes Kundenfeedback und eine enge Anbindung an die deutsche Wirtschaft ermöglichten es Speakers Excellence, innerhalb weniger Jahre den Markt für „Erfolgstraining" in Deutschland vom Nimbus des „Tschakka" zu befreien. Unter den hundert Referenten befinden sich Top-Autoren wie Lothar Seiwert, Alexander Christiani, Edgar Geffroy, Brian Tracy oder Klaus-J. Fink.

Mein Unternehmen unterstützt als Netzwerkpartner die Arbeit von Speakers Excellence. Unser gemeinsames Ziel ist es, durch Authentizität und Professionalität Erfolgswissen in den Alltag der Unternehmen und Menschen zu tragen und es zu einem selbstverständlichen Teil unserer Kultur werden zu lassen.

Sicher werden Sie sich fragen, warum ich dieses Thema so ausführlich behandele, bevor wir auf die eigentliche Technik eingehen, mit der Sie Ihren persönlichen Erfolg wirksamer gestalten können. Vor das „Wie" haben die Götter das „Warum" gesetzt. Erfolgstechniken finden ja nicht in einem Vakuum statt, sondern in einem Kontext. Es reicht eben nicht, wenn der Manager eines Unternehmens durch seine Zielprogrammierung zum „Super-Performer" wird. Viel entscheidender ist es zu erkennen, dass es auf eine gelebte Erfolgskultur auf allen Unternehmensebenen ankommt. Dieses Buch wie auch die hier vorgestellte Erfolgstechnik sind so konzipiert, dass sie beides leisten: das Individuum fördern, sein Potenzial zu erkennen und umzusetzen, *und* das Team und die gesamte Organisation in einen dynamischen Entwicklungsprozess einzubinden, an dessen Ende eine gelebte Erfolgskultur steht, die von den Mitarbeitern aktiv gestaltet wird.

Ich möchte den Begriff „Erfolg" in diesem Zusammenhang recht pragmatisch verwenden. Eine gängige Erklärung, die Sie sicher bereits gelesen haben, ist: Erfolg ist das, was „erfolgt". Leider lässt diese Erklärung auf der operativen Ebene vieles offen. Deshalb ziehe ich folgende Definition vor:

! ***Erfolg ist im Wesentlichen das Erkennen der eigenen Möglichkeiten und Potenziale und das Umsetzen und Leben dieses Potenzials zum eigenen und zum Wohle der anderen.***

Nach dieser Formel steht die Selbsterkenntnis vor dem Handeln (häufig erleben wir es ja umgekehrt). Ziele sind in dieser Konstruktion lediglich Navigationspunkte, um das eigene Potenzial (Wollen und Können) greifbarer zu machen. An diesem Punkt legen die meisten Leser von Erfolgsbüchern die Lektüre zur Seite. Das Entdecken von Potenzialen und das Definieren von Zielen allein mit Hilfe eines Buches ist zugegebenermaßen ein schwieriges Unterfangen. Allerdings müssen Sie im Durchschnitt das Zehnfache des Buchpreises für ein vertiefendes Seminar investieren. Sie haben dann jedoch den großen Vorteil, dass der Autor mit Ihnen gemeinsam die Übungen durchführt, zu denen Sie sich alleine nicht durchringen können.

Einen goldenen Mittelweg bieten die modernen Kommunikationstechniken. Unsere Anwender, die sich mit dem ersten Schritt zur Formulierung ihrer Ziele schwer tun, finden im Internet den Ziele-Guide, einen interaktiven Ziele-Dialog. Er beginnt mit der Frage: *„Welches ist aktuell Ihr wichtigstes Ziel?“* Untersuchungen aus über tausend Ziele-Coachings ergaben, dass 90 Prozent aller Menschen diese Frage relativ spontan beantworten können, während weniger als 10 Prozent ihre Lebenszukunft systematisch auf Zielen und Erfolgstechniken aufbauen. Diese wenigen Menschen schaffen es meist ohne Vorbereitung, zehn und mehr persönliche Ziele präzise zu formulieren.

Damit habe ich bereits mein zweites Ziel verraten. Ich möchte Sie ermutigen, Ziele als das zu erleben, was sie in Wahrheit sind: keine leeren Formeln und Rituale, die wir von anderen aufgesetzt bekommen. Das ist leider in vielen Bereichen unseres Lebens traurige Realität. Es macht Ziele zu etwas, das uns unter Zugzwang setzt, anstatt uns neue Freiheiten und Möglichkeiten zu bescheren. Ziele neu erleben heißt, meinen ureigenen Selbstausdruck zu entdecken und einen aktiven Dialog mit meinem inneren Potenzial zu entwickeln. Wenn Sie diese Einstellung ausprobieren, werden Ihre Ziele und die Arbeit mit Ihren Zielen eine echte Bereicherung. Sie werden neue Seiten an sich entdecken und eine neue Flexibilität entwickeln. Denn zielorientiert sein bedeutet eine sehr positive Zuwendung zur Zukunft.

Wenn Sie die Begleit-CD mit Hi-Tec-Motivation parallel zur Lektüre des Buches regelmäßig einsetzen, wird es Ihnen spürbar leichter fallen, sich die nötige Zeit zu nehmen, um in sich hineinzuhorchen, Ihrem „Können und Wollen“ eine Sprache zu verleihen und sich klare Ziele zu setzen.

Teil 1

Know-how für Ihr persönliches Life-Design

1 Good-bye Komfortzone

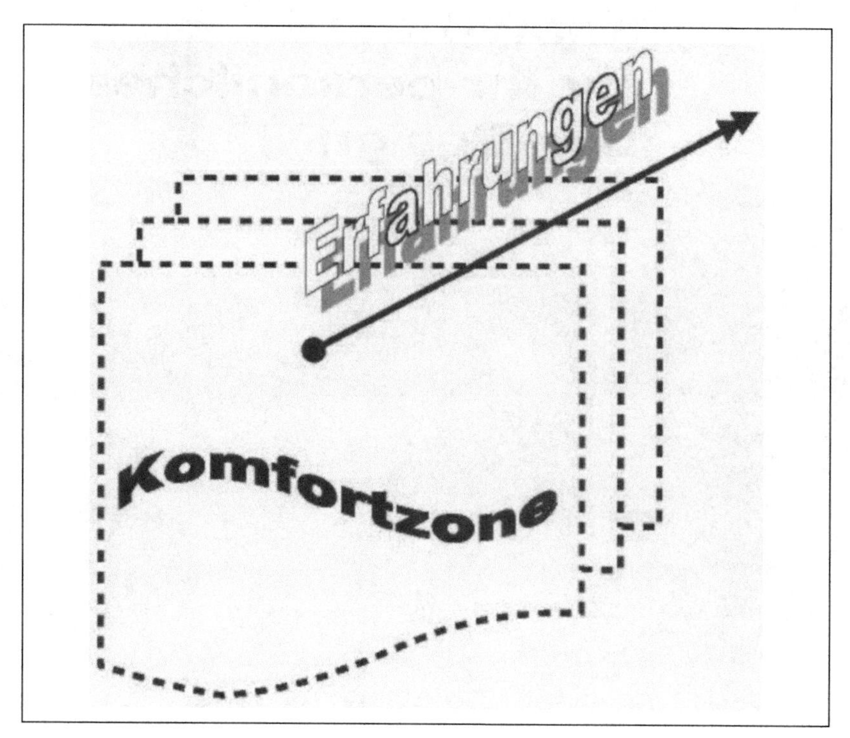

Abbildung 1: Komfortzone

In der Air-Condition-Industrie nennt man den Temperaturbereich, der weder Kühlung noch Heizung benötigt, „Komfortzone", mitunter findet man statt „Komfort" auch den englischen Begriff „Dead Zone", (die „tote Zone") in den Broschüren der Klimaanlagenhersteller. Vielleicht kennen Sie solche toten Zonen in Ihrem Alltag? Wo alles in Ordnung zu sein scheint, aber nichts wirklich passiert? Das Sofa ist wohl der Deutschen liebste Komfortzone, gepaart mit einem Flatscreen-TV (früher: Fernseher), einem Kartoffel-Snack und einer Fernbedienung. Und was fehlt? Ach ja, holt mal eben jemand ein Bier?

Aber Spaß beiseite, natürlich gehören Sie und ich nicht zu diesen „Couch Potatoes", wie man die Pantoffelhelden von gestern heute liebevoll nennt. Und auch für aktive, zielorientierte Menschen ist der Alltag mit gefährlichen Fallstricken versehen, wenn es darum geht, gute Vorsätze und Ziele in die Tat umzusetzen.

„Smart Success“ soll Sie nicht einfach mit neuen Tricks und Tipps bei Laune halten. Dieses Buch möchte mehr. Denn was für den einen die Couch, ist für den anderen das Internet oder die Raucherecke in der Firma. Wir alle sitzen, was die Komfortzone betrifft, im gleichen Boot. Denn jeder von uns richtet sich den Alltag möglichst bequem ein. Vom Rheumakissen im Bett über den Badvorleger bis hin zur Standheizung im Auto. Je bequemer der Alltag, desto höher die Lebensqualität. Aber stimmt das überhaupt? Ist Bequemlichkeit wirklich die Vorstufe zum Glück? Einer der bedeutendsten Sozialwissenschaftler unserer Zeit, der Ungar Mihaly Csikszentmihalyi, hat in jahrelangen Studien eher das Gegenteil herausgefunden. In seinen Untersuchungen stellte er immer wieder fest, dass ein wirkliches Glückserlebnis immer mit *Aktivität* und *Herausforderung* verbunden ist. Dieses aktive Glücksgefühl bezeichnet man heute gemeinhin als „Flow“. Es bedeutet so viel wie „im Fluss sein“. Und eigentlich ist es ja ganz logisch, dass uns ein Fußballspiel im Fernsehen nicht die gleiche Erlebnisintensität beschert wie ein Elfmeter, den man selber verwandelt.

Die Komfortzone steht heute als Synonym für all das, was wir schon kennen und was für uns zur (langweiligen) Routine geworden ist. Das Gegenteil der Komfortzone ist die Herausforderung, also eine Aktivität oder ein Erlebnis, das entweder neu ist oder eine gewisse Anstrengung von uns verlangt. Ein gutes Beispiel ist Ihr morgendlicher Waldlauf. Wenn Sie seit fünf Jahren dreimal pro Woche morgens fünfzehn Minuten durch den angrenzenden Stadtwald laufen, freut sich zwar Ihr Kreislauf, aber eine Teilnahme an einem Stadtlauf über 10, 20 oder mehr Kilometer wäre für Sie eine neue Herausforderung, auf die Sie sich systematisch vorbereiten müssten. Das gleiche Prinzip gilt für Ihren unsportlichen Nachbarn, dessen Höchstleistung im morgendlichen Sprint zum Bus erreicht ist, der wieder mal drei Minuten zu früh kommt.

Wer keinen Sport innerhalb seiner Komfortzone erlebt, tut sich ungemein schwer, überhaupt einen Anfang mit sportlichen Aktivitäten zu setzen. Denn die Komfortzone ist nicht nur eine abstrakte Idee von Psychologen und Soziologen. Unser Alltagsverhalten prägt auch unseren Körper und unseren Stoffwechsel. Raucher treiben zum Beispiel im Vergleich zu Nichtrauchern weniger Sport, weil ihr Körper durch das Rauchen der Belastung beim Sport gar nicht standhielte.

All diese kleinen Entscheidungen, die wir jeden Tag treffen, sind bedeutend. Durch unser Alltagsverhalten bestimmen wir also selbst, ob wir unsere Komfortzone hätscheln oder uns durch sinnvolle Aktivitäten neue Möglichkeiten und neues Glück erschließen.Wenn Sie wissen möchten, wo Sie aktuell mit Ihrer persönlichen Komfortzone stehen, können Sie im Praxisteil des Buches im Kapitel „Check-In" einen Selbst-Check durchführen.

Ein weiterer Aspekt der Komfortzone ist die Routine. Man(n) sagt ja, dass Frauen schlechte Einparker sind. Vielleicht erinnern Sie sich an Ihren letzten Versuch, in einer Kurve oder auf der linken Seite einer Einbahnstraße einzuparken. Wenn Sie das (auch als Mann) nicht täglich tun, war es sicher eine kleine Herausforderung, oder? Die meisten unserer Bewegungsabläufe werden automatisch gesteuert. Blinker setzen, kuppeln, schalten. Ganz nebenbei die Werbung vor den Nachrichten ausblenden. All das geht uns wie im Schlaf von der Hand. Denn unser Gehirn kann jede Bewegung, wenn sie erst einmal „sitzt", automatisieren. Die Automatisierung hält unsere Gedanken für andere Dinge frei. Dieses so genannte „Multitasking" (mehrere Dinge gleichzeitig tun) ist ein sehr ökonomisches Prinzip. Besonders Frauen haben beim Multitasking die Nase vorn, da ihre Hirnfunktionen besser verknüpft sind. Hierzu mehr im Kapitel 2. Aber, und das ist wichtig zu wissen:

! ***Die Automatisierung ist keine „Hängematte der Natur", sondern soll unseren Kopf für andere Aktivitäten freihalten.***

Wenn Sie experimentierfreudig sind, empfehle ich Ihnen, ab und zu einfache Tätigkeiten mit Ihrer nicht dominanten Hand auszuführen. Als Rechtshänder nehmen Sie die linke und als Linkshänder die rechte Hand. Bitte beginnen Sie dabei aber mit ungefährlichen Dingen wie Zähne putzen oder Auf- und Abschließen der Haustür. Eher ungeeignet sind Brot schneiden oder Rasieren, es sei denn, Ihr Erste-Hilfe-Kasten ist gut bestückt.

! ***Die Komfortzone ist ein ständiger Begleiter unseres Lebens. Wer es bequem mag, findet hier zwar keine Erfüllung, aber scheinbare Lebensqualität.***

Wer mehr vom Leben möchte, sollte neben dem Sofa die Joggingschuhe deponieren und zumindest einen Teil seiner Zeit mit echten Aktivitäten anfüllen. Wer richtig ausgefüllt und glücklich sein will, sollte sich gezielt nach neuen Aktivitäten umschauen, die zu meistern eine gewisse Herausforderung darstellen. Wer es schafft, die Alltagsroutine durch sinnvolle Aktivitäten zu durchbrechen und systematisch zu verändern, hat am meisten vom Leben. Denn nur hier öffnen wir uns für den Flow, das aktive Glücksgefühl.

Wenn Sie in Ihrem Leben etwas verändern und erfolgreicher sein möchten, beginnt dies immer innerhalb der Komfortzone. Viele Seminare und Bücher über Erfolgsdenken begnügen sich mit langatmigen Tipps und Tricks, wie Sie Ihrer Komfortzone ein Schnippchen schlagen. Ganz ehrlich, in meiner über 15-jährigen Beratungspraxis musste ich feststellen, dass die meisten Menschen dennoch scheitern. Die Komfortzone ist so etwas wie eine Festplatte, die uns die Natur mitgegeben hat. Sie ist wie ein unsichtbares Revier, das wir tagtäglich neu markieren und verteidigen, auch wenn sie außer Bequemlichkeit nicht viel mehr zu bieten hat.

Mit der im zweiten Teil des Buches vorgestellten Audio-Aktiv-CD können Sie langwierige Rituale getrost zu den Akten legen. Durch die digitale Soundtechnik Hi-Tec-Motivation können Sie bequem innerhalb Ihrer Alltagsroutinen am PC, im Auto oder auf der Couch ganz passiv Ihre Motivation in kleinen Schritten aufbauen, bis die Energie für neue Aktivitäten stark genug ist und es Ihnen leicht fällt, sich die Laufschuhe zu schnüren, den Fernseher abzuschalten und einfach loszurennen. Denn die digitalen Klangimpulse in der Musik und den Natursounds stimulieren genau jene Bereiche im Gehirn, die unsere Aktivitäten planen und vorbereiten. Und anders als bei vielen manipulativen Techniken (Autosuggestion, Hypnose etc.), mit denen Sie vielleicht früher schon einmal einen Anlauf gewagt haben, funktioniert Hi-Tec-Motivation ganz ohne Hokuspokus und suggestiver Manipulation nach streng wissenschaftlichen Kriterien. Wenn Sie regelmäßig mit der Hi-Tec-CD arbeiten und der Wunsch nach Veränderung wirklich von Ihrem Inneren ausgeht, können Sie damit Schritt für Schritt jedes Ziel erreichen. Da Sie die Übungen innerhalb Ihrer Komfortzone in Ihre täglichen Routinen einflechten und Sie lediglich auf die Play-Taste Ihres CD-Players drücken müssen, fällt der sonst übliche Kampf und Krampf mit Verboten und Zettelwirtschaft weg. Im nächsten Abschnitt sehen wir uns die Fallstricke ein wenig genauer an, die uns im Alltag ins Stolpern bringen.

Gute Vorsätze

Heute früh schoss es ihr wieder durch den Kopf: *„Ich muss unbedingt den Aktenschrank aufräumen. Wenn ich den Computer hochgefahren habe, trage ich zuerst meine geplanten Aktivitäten in Outlook ein, damit ich mich nicht wieder verzettele. Ach ja, die Entspannungsübung, damit ich am PC nicht so schnell verspanne, sollte ich vorher noch machen, aber wo ist nur die Kopie aus dem Übungsheft?"*

Sicher können Sie sich vorstellen, was folgte. Nun, der Tag verlief natürlich ganz anders: viel Zeit mit Suchaktionen vertan, an der zweitwichtigsten Aufgabe hängen geblieben, abends am Fernseher vor Erschöpfung eingeschlafen. Aber morgen ist schließlich auch noch ein Tag! Woran liegt es, dass die meisten Menschen sich jeden Tag von neuem „gute Vorsätze" verordnen und im Alltag genau das Gegenteil passiert?

Die einfachste Antwort ist: Gute Vorsätze haben eine lange Tradition, gebrochen zu werden. Kaum sind sie ausgesprochen oder zu Papier gebracht, verwelken sie wie ein Strauß Rosen, die nicht beschnitten wurden. Man kann förmlich zusehen, wie sie Blüte für Blüte den Kopf hängen lassen und eingehen. Dabei ist ein Vorsatz prinzipiell eine gute Sache. Im Englischen spricht man auch von „purpose", was soviel heißt wie „Sinn, Absicht, Zweck". Im philosophischen Sinne kann man auch vom „higher purpose" sprechen, was noch mehr als ein guter, quasi ein „höherer Vorsatz" ist.

Warum vergessen wir den Hochzeitstag garantiert wieder, obwohl wir uns in diesem Jahr vorgenommen haben, ganz bestimmt daran zu denken? Die banale Antwort ist, dass wir nichts dafür getan haben, den Hochzeitstag nachhaltig in unserer Vorstellungswelt als ein positives Erlebnis zu verankern, auf das wir uns freuen. Gute Vorsätze sind ja nichts weiter als ein Memorandum an uns selbst, etwas Bestimmtes zu tun (oder zu lassen), um damit einen „höheren Zweck" zu erfüllen. Wenn es uns keinen Spaß macht oder wir nicht wirklich innerlich davon überzeugt sind, dass der Hochzeitstag eine gute Gelegenheit ist, unsere Liebe und Wertschätzung gegenüber unserem Partner auszudrücken, können auch tausend Checklisten nichts bewegen. Der Computer mit dem Outlook-Eintrag wird zwei Tage vor dem Hochzeitstag abstürzen, das Handy ist verlegt und der Memo-Zettel am Kühlschrank ist in einer dunklen Ritze verschwunden.

Gute Vorsätze sind genau so wertlos wie gute Ratschläge, wenn sie nicht auf fruchtbaren Boden in unserer Innenwelt stoßen. Wie aber kann ich in mir die innere Bereitschaft schaffen, gute Vorsätze umzusetzen? Prinzipiell sollte man sich immer zuerst die Frage nach dem Sinn stellen. Warum nehme ich mir etwas vor? Was bezwecke ich damit? Warum ist es mir wichtig? Wenn ich feststelle, dass es mir wirklich wichtig ist, den Vorsatz umzusetzen, sollte er in einen sinnvollen Plan eingebettet sein. So machen die Blumen und das Abendessen zu zweit am Hochzeitstag dann Sinn, wenn Sie sich vorgenommen haben, bewusster mit Ihrer Ehe umzugehen und mehr Zeit mit Ihrem Lebenspartner zu verbringen. Dies bringt uns auf ein grundlegendes Prinzip: Zielsetzung und Planung. Wenn Sie Ihr Leben aktiv positiv gestalten wollen, reichen gute Vorsätze nicht aus. Denn sie erfüllen meist nur eine Alibifunktion für die Komfortzone: *„Hab ich dir doch gleich gesagt, dass du es wieder vergisst! Typisch, dass du ausgerechnet heute dein Handy verlegt hast."* Die Festplatte lässt grüßen!

Wie Sie sich durch eine sinnvolle und durchdachte Zielplanung vor den Spitzfindigkeiten Ihrer Komfortzone schützen und Ihre Vorsätze leichter umsetzen können, erfahren Sie im 3. Kapitel.

Der Innere Schweinehund ISW

Kennen Sie die Geschichte vom Baron von Münchhausen? Ich meine natürlich die moderne Version. Marco von Münchhausen ist heute der führende Experte für das liebste Haustier der Deutschen, den inneren Schweinehund. Seine Bücher zählen zu den erfolgreichsten Veröffentlichungen der letzten Jahre. In seinen Seminaren gibt der „Nachfahre" des berühmten Lügenbarons freimütig zu, dass der ISW eigentlich nur ein anderes Wort für „inneren Widerstand" ist. Aber wer kauft und liest schon mit Begeisterung ein Buch über den „Inneren Widerstand"?

Es lohnt sich, diese Metapher etwas genauer unter die Lupe zu nehmen. Denn in der Tat ist der ISW der Wächter vor dem Tore auf dem Weg in die Freiheit jenseits unserer Komfortzone. Da er im Inneren wirkt, quasi als Alter Ego in uns sitzt, ist er oft wenig greifbar. Laut Münchhausen ist es jedoch seine Stimme, die ertönt, wenn die Joggingschuhe im Schuhschrank bleiben (oder gar zurückwandern) und die Finger abends konsequent zwischen Chipstüte und Fernbedienung wechseln.

Stellen wir uns den inneren Schweinehund als einen virtuellen Agenten unserer Komfortzone vor, vergleichbar mit den grauen Männern von der Zeitsparkasse in Michael Endes „Momo“. Meist verharrt er in Ruheposition und döst ganz unbemerkt vor sich hin – zumindest so lange wir uns in der Komfortzone aufhalten. Beim leisesten Versuch, etwas Neues zu starten, erwacht er jedoch zum Leben und beginnt sein perfides Spiel mit uns. Da er in uns steckt als Teil unserer Festplatte, sind seine Einflüsterungen kaum von unseren eigenen Gedanken zu unterscheiden. Er schleicht sich ein wie ein Product-Placement im abendlichen Fernsehspiel. *„Joggen, das ist doch was für Gesundheitsapostel. Heute kommt doch endlich die Fortsetzung des Zweiteilers im Ersten, das Sofa ist so schön bequem.“* Oft sind diese netten Botschaften geschickt formuliert und unterscheiden sich nur durch ihre Sanftmut von unserer eigenen inneren Stimme. Wir sind dann meist verzückt über die Logik und fangen an, die Gedanken des ISW zu durchdenken: *„Stimmt eigentlich, morgen kommen nur Wiederholungen im Fernsehen, dann geh ich einfach morgen joggen.“* Schon setzt der Dialog ein, und wir befinden uns in einer Denkfalle. Statt darüber nachzudenken, wie die gute Luft im Wald uns beflügelt und das herrliche Gefühl, das uns durch die Endorphinausschüttung nach dem Joggen durchströmt, kreisen unsere Gedanken um einen gemütlichen Fernsehabend. Wir spüren einen starken Magnetismus, der von Sofa und Fernseher ausgeht. Der Duft der Pizza im Ofen tut sein Übriges.

Es ist nicht leicht, sich den Fängen des ISW zu entziehen, und um ganz offen mit Ihnen zu sein, Sie werden mit ihm leben müssen, auch dann, wenn Sie mehr im Leben erreichen wollen. Marco von Münchhausen empfiehlt seinen Lesern, einen Pakt mit dem ISW zu schließen. Denn die Komfortzone soll uns ja auch vor übermäßiger Aktivität schützen, soll uns einen Ruheraum zur Verfügung stellen und einen Gegenpol bilden zu Leistung und Aktivität. Dann, wenn wir einen Teil unserer Zeit außerhalb der Komfortzone verbringen, machen Couch und Fernseher Sinn und bilden einen Gegenpol zu unseren Aktivitäten „draußen“.

Mit der Audio-Aktiv-CD können Sie den Dialog mit dem ISW zu Ihren Gunsten beeinflussen. Das Hi-Tec-Training unterstützt Sie dabei, mehr Gründe zu finden, warum Sie Ihre guten Vorsätze und Ziele doch verfolgen sollten, auch wenn der ISW noch so verlockende Argumente dagegen ins Feld führt. Und sollte das niedliche Tier mitunter doch die Oberhand gewinnen, können Sie ihn auch vor dem Fern-

seher mit Ihren guten Argumenten auf der Hi-Tec-CD traktieren und sich für die nächste Schlacht rüsten!

Aufschieberitits

„Was du heute kannst besorgen, das verschiebe nicht auf morgen", sagt ein bekanntes Sprichwort. Mit den Sprichwörtern verhält es sich ähnlich wie mit guten Vorsätzen und gut gemeinten Ratschlägen. Sie werden gerne missachtet. Prof. Dr. Lothar Seiwert, Deutschlands führender Zeitmanagement-Experte, hält die Aufschieberitis gar für ein Grundproblem unserer modernen Zeit. Aus seiner Sicht werden wir mit viel zu vielen Aufgaben bombardiert, die uns überfordern. Die natürliche Gegenreaktion ist, einfach möglichst viel auf „morgen" zu verschieben. Da der Schreibtischberg durch diese Strategie beständig wächst, landet vieles auf „Sankt Nimmerlein", und unser Leben dreht sich mit der Zeit im Hamsterrad des Unerledigten.

So ist die Frage, wie man der Aufschieberitits Herr werden kann, nicht leicht zu beantworten. Sicher ist jedoch, dass sich die Angewohnheit, Dinge aufzuschieben, ebenso wie das Meistern der Komfortzone nur durch strategische Planung und Zielsetzung abbauen lässt. Weshalb die Experten des Zeitmanagements sich in der Grundfrage auch einig sind: Wenn Sie Ihre Lebenszukunft nicht bewusst planen und mit sinnvollen Zielen und Projekten anfüllen, bleiben Sie immer Opfer der Umstände. Dann werden Sie von Komfortzone, Zeitdieben und dem inneren Schweinehund regiert, und Ihr persönliches Glück bleibt auf der Strecke. Bevor Sie also anfangen, sich mit dem Wie zu beschäftigen, muss Ihnen klar werden, warum eine solide Planung Ihrer Lebenszukunft von so großer und grundlegender Bedeutung für den Erfolg ist.

Viele Menschen handeln nur unter dem Druck von akuten Problemen. Sie lassen die Dinge auf sich zukommen und reagieren erst, wenn es schon „fünf nach Zwölf" ist. Egal, ob es sich dabei um den Abgabetermin für die Steuererklärung oder das Geburtstagsgeschenk zum Siebzigsten der Schwiegermutter handelt. Obwohl man wochenlang Zeit hatte, wird das meiste „auf den letzten Drücker" erledigt.

Wenn Sie beginnen, Ihre Zukunft zu gestalten (ich möchte den Begriff Planung möglichst vermeiden, da er für manche Leser einen negativen Beigeschmack hat), stoßen Sie auf ein ganz wichtiges Phänomen: Sie müssen sich entscheiden – für und gegen etwas: für Ihre Wünsche, Ziele und Ideale; gegen Lethargie, Gleichgültigkeit und den Zufall. Überhaupt unterscheiden sich erfolgreiche Menschen im Wesentlichen von den weniger erfolgreichen dadurch, dass sie ihre Zukunft strukturiert in die Hand nehmen und eine eigene Lebensperspektive entwickeln. Nun könnten Sie einwenden, dass solch eine Festlegung auf Ziele Ihnen die Freiheit und Spontaneität raubt. Wer will schon den Teufel mit dem Beelzebub austreiben?

Sich Gedanken über den Sinn und Zweck Ihres Lebens zu machen, hat laut Viktor Frankl, dem Begründer der Logotherapie, eine befreiende, heilende und motivierende Wirkung auf das ganze zukünftige Leben. Wenn Sie Ihre Aufgabe kennen, haben Sie einen Weg, den Sie gehen können. Die Ziele und Strategien, die Sie aus Ihrem Lebenssinn herausarbeiten, sind dabei nicht mehr als die Partitur Ihres Lebenswerks. Sie bilden ein Gerüst, an dem Sie Ihr Zukunftshaus bauen können.

Sich selbst zu entdecken und die Zukunft als ein Land der unbegrenzten Möglichkeiten zu sehen, mag oberflächlich kitschig an amerikanische Roadmovies erinnern. Wenn Sie Kinder haben, wissen Sie, dass es nur die Einstellung ist, die den Unterschied macht. Denn ein Kind, das noch unbefangen auf den neuen Tag zugeht, freut sich mit tiefer Inbrunst auf die neuen Abenteuer, die vor ihm liegen. Es ist viel stärker vom Neuen angezogen, hat viel mehr Begeisterung, Dinge auszuprobieren, als man sich als Erwachsener auch mit den besten Motivationstechniken vorstellen kann. Es ist deshalb kein Zufall, dass auch spirituelle Lehrer wie Jesus gesagt haben: „Ihr müsst werden wie die Kinder!"

Sie merken, ich will Sie aus der Reserve locken. Lust aufs Neue in Ihnen entfachen. Denn in der Tat wartet etwas wirklich ganz Neues auf Sie. Die Hi-Tec-Motivation wurde nämlich nach dem neuesten Stand der Neurowissenschaften für die bemannte Raumfahrt entwickelt. Die digitalen Klangimpulse sprechen quasi die Sprache des Gehirns und kommunizieren besonders mit den kreativen und gestalterischen Funktionen der rechten Gehirnhälfte. Doch um dies zu verstehen, möchte ich Sie auf einen kurzen Ausflug in die Anatomie unseres Denkorgans mitnehmen. Keine Angst, ich werde Sie hier nicht mit einem langweiligen Anatomievortrag belästigen. Nehmen Sie die Überschrift des nächsten Kapitels einfach beim Wort, und lassen Sie sich überraschen!

2 Splitbrain – Anatomie des Erfolgs

Eine der wichtigsten Grundlagen des modernen Erfolgs- und Managementtrainings bildet die moderne Gehirnforschung. Aber müssen wir deshalb alle Gehirnexperten werden, um erfolgreich unsere Ziele zu verwirklichen? Ich beschäftige mich seit über zwei Jahrzehnten mit der Neurobiologie. Bis heute habe ich jedoch noch keinen Experten kennen gelernt, der überdurchschnittlich erfolgreicher wäre als ein Mensch, der über seine Hirnfunktionen nur rudimentär Bescheid weiß.

Natürlich trifft es zu, dass ein Computerspezialist mit Programmierkenntnissen im Prinzip mit einem PC besser umgehen kann als ein Laie. Andererseits erwarten wir doch heute von der modernen Technik, dass sie sich an unsere Bedürfnisse anpasst. Und Computer- und Softwareunternehmen geben Milliarden aus, um ihre Produkte „anwenderfreundlich" zu gestalten, obwohl die Technik immer komplizierter wird. Ich denke, dasselbe sollte auch für die Wissenschaften gelten. Ziel muss es sein, Forschungsergebnisse in klare und verständliche Botschaften zu verpacken. Zugegeben, die Gehirnforschung wird mit zunehmendem Wissen immer komplexer. Dennoch bin ich überzeugt, dass wir eine einfache Grammatik auf den Weg bringen müssen, die das wichtigste Werkzeug zur Gestaltung unseres Lebens so erklärt, dass selbst Kinder ohne Anatomiekenntnisse ein Grundverständnis unseres Denkorgans erhalten.

In meinen Seminaren strecke ich zur Veranschaulichung der neuesten Gehirnforschung gerne spontan meinen kleinen Finger aus. Ich bitte dann einen Freiwilligen, mir seinen kleinen Finger entgegenzustrecken. Während ich nun nach dem Finger des Probanden greife, werfe ich in die verblüffte Runde die Frage: „Um welche beliebte bayerische Sportart handelt es sich hier?" Meist geht die Antwort in einem Lachen unter. Wenn ich mich bei dieser „Übung" unterhalb des Weißwurstäquators – also der Rhein-Main-Linie – aufhalte, kommt die richtige Antwort in der Regel wie aus der Pistole geschossen: „Fingerhakeln". Was aber hat Fingerhakeln bitte mit Erfolgstraining zu tun? Nun, im Grunde wenig. Fingerhakeln ist nämlich die einzige Sportart, die aus wissenschaftlicher Sicht nicht als „mental" bezeichnet werden kann. Ich werde gleich erklären, weshalb.

„Mental“ bedeutet ja zunächst nichts weiter als „geistig“. In Wirklichkeit verbirgt sich hinter diesem Begriff allerdings eine sehr komplexe Materie: die Erkenntnisse der modernen Gehirnforschung aus über vier Jahrzehnten. Was sagen diese Erkenntnisse, die inzwischen viele Kilometer Bücherregale füllen könnten, aus?

Um zu verstehen, wie Sportpsychologen und Managementtrainer heute den Begriff „mental“ verwenden, ist es hilfreich, wenn wir uns drei grundlegende Erkenntnisse der Gehirnforschung veranschaulichen:

1. Das menschliche Gehirn besteht in Wirklichkeit aus zwei Gehirnen, die mit zwei völlig unterschiedlichen Logiksystemen funktionieren: die linke Hirnhälfte denkt logisch linear in Wörtern und Zahlen, die rechte denkt ganzheitlich in Bildern. Dieses Konzept wird in der Fachwelt als „Splitbrain“ (geteiltes Gehirn) bezeichnet.

2. Der größte Teil der über 100 Milliarden Nervenzellen des Gehirns ist mit sich selbst beschäftigt (interner Informationsaustausch zwischen den Nervenzellen). Diese internen Gehirnaktivitäten verlaufen nach einer gehirninternen Logik, die bei jedem Menschen eine andere Vernetzungsstruktur aufbaut. Das Gehirn ist also Hardware und Software zugleich. Kein Gehirn gleicht in seiner Struktur dem anderen.

3. Nur wenige Prozent seiner Zellen verwendet das Gehirn zur Steuerung von Bewegungen. Um eine Bewegung vorzubereiten und auszuführen, muss das Gehirn eine Bewegungs*vorstellung* erzeugen. Dieses „Bewegungsprogramm“ wird an die Muskeln geleitet, die die Bewegung ausführen. Die einzige Ausnahme: Sehr einfache Bewegungen, wie beispielsweise das Fingerhakeln oder automatische, angeborene Reflexe, funktionieren auch ohne eine „mentale Matrix“ im Kopf.

➤ *Versuchen Sie bitte einmal, Ihre Arme vor der Brust zu verkreuzen. Automatisch geht Ihr dominanter Arm nach oben und der nicht dominante ordnet sich unter. Versuchen Sie nun einmal spontan, die Position der Arme zu wechseln. Gar nicht so einfach, wenn man es das erste Mal versucht, oder? Mein Tipp: Ihre Arme lernen schneller, wenn Sie kurz die Augen schließen und sich Ihre verschränkten Arme wie in einem Spiegel bildlich vorstellen.*

Das ist die Quintessenz des Begriffs „mental“. Was das Gehirn sich vorstellen kann, kann es auch umsetzen. Ehrlich: Der Rest der Erfolgsphilosophien ist im Grunde reines Marketing! Fast alle unsere Alltagshandlungen, vom Aufstehen, über das Zähneputzen, dem Halten der Kaffeetasse oder dem Lenken des Autos, basieren auf kleinen und größeren mentalen Blaupausen, die meist durch jahrelanges Training völlig automatisch abgerufen werden.

Schwierig wird es erst, wenn wir „umlernen“ sollen. Sportler, die mit ihrer Leistung unzufrieden sind, ziehen sich meist vom Wettkampfgeschehen für eine gewisse Zeit zurück. Der Coach verordnet in dieser Zeit eine neue Technik. Die Sportwissenschaft spricht von einer „Umstellung“ der Technik. Technik bedeutet im Sport eine in sich abgeschlossene Bewegungsfolge, die minutiös trainiert werden muss, bis sie automatisch abläuft. Was im Sport gilt, trifft auch für unseren Alltag zu. Es gibt kaum ein Verhalten, das nicht von Bewegungen und deren optimaler Koordination bestimmt ist. Selbst das Sprechen wäre ohne das Bewegen der Lippen und des Kehlkopfes undenkbar. Biologen bezeichnen diese Bewegungsprogramme als „Verhalten“. Ein wichtiges Grundprinzip für motorisches Lernen heißt: Neu lernen ist tausendmal leichter als umlernen!

Die Gehirnforschung und das Wissen über die Abläufe in den grauen Zellen sind in den vergangenen Jahren förmlich explodiert. Dennoch ist unser Gehirn so unglaublich komplex, dass es bis heute von den Wissenschaftlern noch nicht vollständig verstanden wird. Dies liegt vor allem daran, dass es sich beim Gehirn nicht um ein statisches Gebilde handelt, sondern um eine höchst komplexe dynamische Struktur, die sich permanent verändert. Ich möchte Ihnen deshalb hier nur die wichtigsten und aktuellsten Erkenntnisse vorstellen, die für das Verständnis der so genannten „mentalen Prozesse“ nötig sind. Naturwissenschaftler werden mir verzeihen, dass ich einige Phänomene der Anschaulichkeit halber vereinfacht darstelle. Insbesondere das bei uns als Hemisphärenmodell bekannte „Splitbrain“ wird bis heute in Fachkreisen heiß diskutiert. Dr. Roger Sperry, der „Vater“ des Hemisphärenmodells, erhielt 1981 für seine Forschung den Nobelpreis für Medizin.

Eine grundlegende Problematik der Gehirnforschung ist, dass sich das Gehirn nicht wie andere Organe kartografieren lässt. Zu behaupten, das logische Denken oder das Sprechen finde ausschließlich in der linken Hirnhälfte statt, wäre wissenschaftlich nicht haltbar. Dennoch können wir durch Gehirnscans (Messungen der Gehirnaktivitäten und deren bildliche Darstellung in einer dreidimensionalen Computergrafik) beobachten, dass bei bestimmten Aktivitäten immer wieder die gleichen Hirnregionen aktiv sind. Daraus schließen die Wissenschaftler, dass bestimmte Hirnregionen auf bestimmte Funktionen wie Sprechen, Musik hören oder Lesen spezialisiert sind.

Hier sehen Sie eine vereinfachte Darstellung der Hirnregionen, die heute in der populärwissenschaftlichen Literatur verwendet wird.

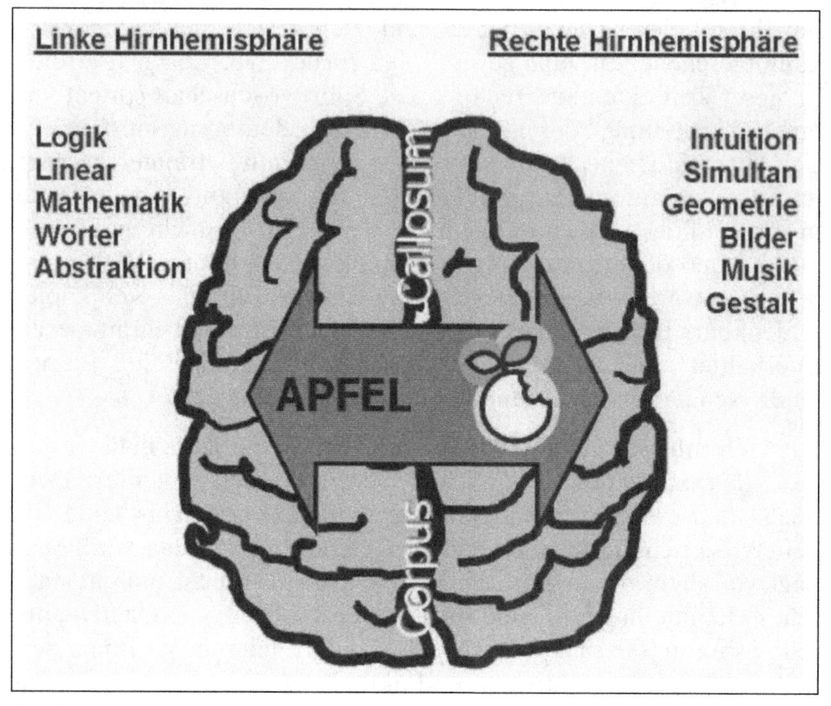

Abbildung 2: Splitbrain

Unabhängig vom Verlauf der wissenschaftlichen Diskussion, wo welche Funktion im Gehirn angesiedelt ist, lassen sich die folgenden prinzipiellen Aussagen treffen:

1. Die linke Gehirnhälfte verarbeitet bevorzugt lineare, logische Informationen. Ihr Arbeitsprinzip ist sequenziell. Beispiel: Beim Lesen erfasst die linke Hirnhälfte die Buchstaben nacheinander und reiht sie nach und nach zu einem Wort zusammen.
2. Die rechte Gehirnhälfte verarbeitet primär räumlich-bildhafte Informationen. Ihr Arbeitsprinzip ist simultan. Beispiel: Ein von

der linken Gehirnhälfte sequenziell erfasstes Wort wird von der rechten Gehirnhälfte als bildhafte Vorstellung umgesetzt.

3. Die Funktionen der linken und rechten Gehirnhälfte sollten sich im Idealfall sinnvoll ergänzen. Allerdings funktioniert das Zusammenspiel zwischen den beiden Hirnhälften nicht immer optimal. Jeder Mensch entwickelt im Laufe seines Lebens bevorzugte Denkmuster. Personalentwickler sprechen dann von einer Hirndominanz. Im Anhang finden Sie einen Link zu einem Hirndominanz-Check, der Ihnen verrät, welche Hirnhälfte Sie zur Bewältigung von Aufgaben bevorzugt einsetzen.

4. Generell gilt, wie bei allen Lernvorgängen: Beachtung bringt Verstärkung. Je häufiger Sie eine bestimmte Hirnfunktion nützen, desto leichter können Sie auf diese zugreifen. Die modernen Managementtechniken bieten Ihnen eine große Auswahl an Übungen, um Ihre beiden Gehirnhälften darin zu trainieren, ihre Funktionen zu ergänzen und Dominanzen auszugleichen. Denn generell gilt: Dauerhafter Erfolg ist nur „ganzhirnig" erreichbar.

Altes Gehirn – neues Gehirn

Das Hemispährenmodell beschreibt übrigens lediglich ein Phänomen in der so genannten Großhirnrinde im oberen Bereich des Gehirns. Das Großhirn (lat. Neocortex) wird im Englischen als „new brain", also als „neues Gehirn" bezeichnet. Es ist in der Tat der evolutionär jüngste Bereich des zentralen Nervensystems. Nur der Mensch und die Cetaceen (Wale und Delfine) verfügen über ein stark ausgeprägtes Großhirn. Man vermutet, dass die Delfine und Wale aufgrund ihrer komplexen Kommunikations- und Wahrnehmungsfähigkeit über ein dem Menschen vergleichbares Großhirn verfügen. So weiß man heute, dass Delfine und Wale über differenzierte Sprachen verfügen, die sich sogar in regionale Dialekte aufgliedern. Delfine besitzen zudem die Fähigkeit, über akustische Signale, vergleichbar mit einem Radarsystem, ihre Umwelt zu kartografieren. Da Delfine mit den Augen schlecht sehen, wandelt ihr Gehirn die Sonargrafiken in Bilder um. Delfine haben dadurch ein brillantes und detailliertes grafisches Gedächtnis. Mit diesem außerordentlichen bildhaften Gedächtnis können sie sich über viele Jahre Gesichter von Menschen merken und Details bis zur Größe eines Cent-Stücks erkennen.

Die tiefer liegenden Gehirnregionen, die man als Zwischenhirn, Mittelhirn, Kleinhirn und Stammhirn bezeichnet, sind wesentlich älter und beherbergen sowohl beim Menschen als auch bei allen anderen Wirbeltieren alle bedeutenden Grundfunktionen zur Steuerung und Kontrolle des Körpers.

In der folgenden Abbildung sind von oben nach unten diese vier Hauptareale erkennbar.

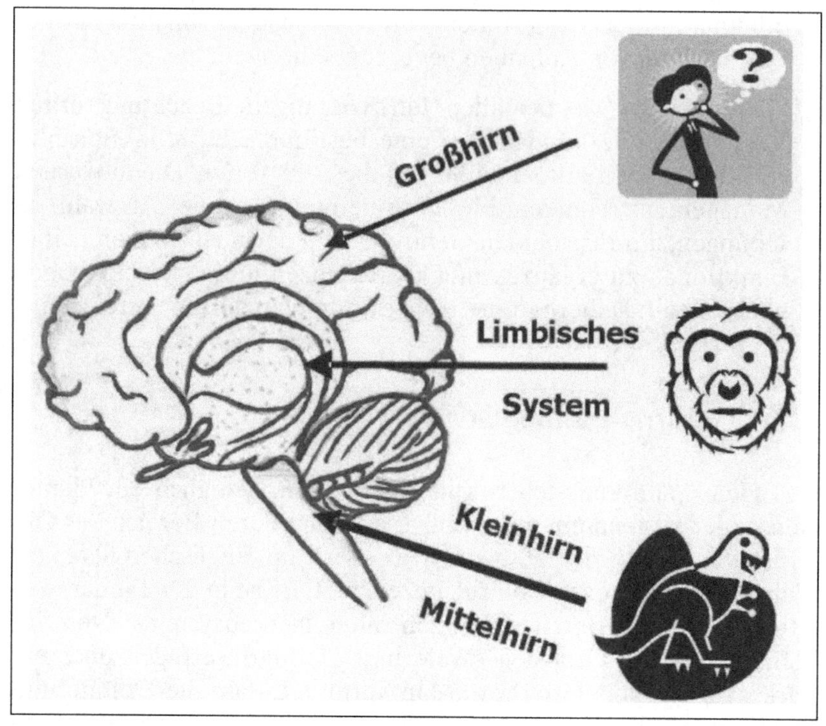

Abbildung 3: Oldbrain

Ich möchte Sie mit diesen biologischen Details nicht überfordern. Nehmen wir uns deshalb zwei einfache Eselsbrücken, um uns später leichter an die Hirnregionen zu erinnern. Das Zwischenhirn, das die Wissenschaft auch als das „limbische System" bezeichnet, setzen wir mit einem Affen gleich, das Kleinhirn und den Hirnstamm, auch bekannt als „Reptilienhirn", identifizieren wir mit einem Dinosaurier.

Merken wir uns zum Reptilienhirn das Revierverhalten (Flucht und Kampfmechanismus) und den Sexualtrieb. Das limbische System steht für soziale Instinkte (Herdentrieb) und starke emotionale Reaktionen wie Lust und Angst. Zudem ist die Verarbeitung von Gerüchen im limbischen System angesiedelt. Der Geruchssinn spielt bei Säugetieren eine weitaus wichtigere Rolle als Auge und Ohr. Auch bei uns Menschen lösen Gerüche blitzschnell intensive emotionale Reaktionen aus, da die Sinneseindrücke über die Nase direkt ins limbische System gelangen. Allein der Gedanke an einen unangenehmen Geruch kann uns spontan in Missstimmung versetzen. So vergeht so manchem Restaurantbesucher beim Gedanken an die Gerüche des „Stillen Örtchens" schon beim Lesen der Speisekarte der Appetit.

Um zu verstehen, wie die einzelnen Hirnregionen sich aufeinander beziehen, können wir uns folgende Faustformel zu Nutze machen:

Je tiefer, desto älter und umso grundlegender und mächtiger sind die Funktionen, die in der jeweiligen Gehirnregion angesiedelt sind. **!**

In diesem Zusammenhang wird auch verständlich, warum das Denken, Sprechen und Abstrahieren in der Geschichte der Menschheit relativ wenig Einfluss auf das Verhalten hatte. Moral und Ethik entspringen dem Denken des Großhirns, während die grundlegenden vitalen Interessen des Individuums von den älteren Hirnregionen kontrolliert werden. Droht uns jemand etwas wegzunehmen – und sei es nur eine Parklücke, nach der wir Minuten lang gespäht haben –, wird automatisch das Revierverhalten des Reptilienhirns aktiv und geht in Angriffsposition. Der Erfinder der Psychoanalyse, Sigmund Freud, bezeichnete diese archaischen Funktionen als „Triebe". Mangels naturwissenschaftlicher Kenntnis fehlte Freud jedoch der Schlüssel zum Verständnis der Beziehungen zwischen den einzelnen Hirnregionen. Das Triebmodell Freuds sah den Menschen als hilflosen Sklaven seiner unterbewussten Triebe. Doch heute wissen wir, dass das Großhirn unter bestimmten Voraussetzungen in der Lage ist, die limbischen Emotionen und Triebe zu beeinflussen. Durch gezieltes Training ist es dem Menschen sogar möglich, seine vitalen Körperfunktionen wie Herzrhythmus, Muskeltonus oder Atemfrequenz einer bewussten Steuerung zugänglich zu machen.

Moderne Selbstmanagement-Methoden sind quasi Schalter, um unser Reptilien- und Affengehirn mit intelligenten Signalen aus dem „Denkhirn" zu beeinflussen und zu steuern. **!**

In der Tat reagiert je nach Situation, Einstellung und momentaner Stimmung immer eine bestimmte Gehirnregion bevorzugt auf ein Signal von außen. Diesen Automatismus zu durchbrechen ist ein grundlegender Aspekt von kognitiven Erfolgstechniken. Die wichtigste Technik, um Herr über den Affen und Dinosaurier in uns zu werden, kennt jeder von uns. Sie ist zugleich auch eine der ältesten und einfachsten: einatmen, bis zehn zählen und erst beim Ausatmen reagieren. Denn die älteren Hirnregionen wollen auf Signale von außen immer sofort impulsartig reagieren. Um ihre schnellen Reaktionen zielsicher zu machen, nutzen sie die Kraft von Hormonen, die zum Beispiel in einer Gefahrensituation reflexartig und blitzschnell Gehirn und Körper überfluten. Eine spontane Flucht oder ein treffsicherer Faustschlag entscheiden dann über Leben und Tod. Für unsere Vorfahren waren diese Reflexe also überlebenswichtig. War man beim plötzlichen Herannahen eines Säbelzahntigers erst einmal auf einem Baum oder Hügel in Sicherheit, konnte man sich weitergehende strategische Gedanken machen. Erst überlegen und dann rennen, wäre in der Steinzeit sinnlos und tödlich gewesen.

Nun leben wir heute mit weit weniger Gefahren als unsere prähistorischen Urahnen. Abgesehen von hausgemachten Katastrophen, Verkehrsunfällen oder Kriminalität ist unser Alltag eher unspektakulär. Kaum jemand behängt sich mit Pfeil und Bogen, um sein Abendessen zu organisieren. Im Supermarkt genügen Portemonnaie, Kreditkarte und Einkaufszettel. Dennoch nutzen Werbestrategen auch im Kaufhaus nach wie vor gezielt unsere limbischen Instinkte, um uns zum Kauf ihrer Produkte anzuregen. Untersuchungen belegen, dass die erfolgreichsten Werbekampagnen eindeutig „limbisch“ strukturiert waren. Dies gilt insbesondere auch für die Identifikation mit einer bestimmten Marke und deren Imagewirkung. Das Dazugehörigkeitsgefühl, das von einer attraktiven Marke ausgeht, erzeugt eine ungeheure „limbische“ Sogwirkung und verleitet uns mitunter zu völlig irrationalen Handlungen. Luxuriöse Automobilmarken wie Porsche oder Lamborghini sind ein typisches Merkmal für limbisch gesteuertes Konsumverhalten.

Kommen wir zurück zum Großhirn. Ein wesentlicher Unterschied zwischen den älteren Gehirnregionen und dem Neocortex ist das Erzeugen von Reizen in Form von Gedanken und Vorstellungen. Während das „alte Gehirn“ primär auf Außenreize reagiert und dabei von automatischen Programmen geleitet wird, kann das Großhirn selbst Reize erzeugen und im Gedächtnis speichern. Diese Vorgänge nennen wir „mental“. Mentale Ereignisse können wir grob in zwei Kategorien einteilen. Der überwiegende Teil unserer Gedanken bleibt für gewöhnlich theoretisch und abstrakt und hat nur wenig Wirkung auf unser Verhalten. Stellen Sie sich alles Wissen, alle Bücher, Zeitschriften, Fernseh- und Radiosendungen, alle Unterrichtsstunden in Schule, Studium oder Beruf, alle Internetseiten und Gespräche, die Sie bis heute erlebt haben, als persönliche Bibliothek vor. Über eine Suchmaschine können Sie auf jede Information in dieser Bibliothek innerhalb weniger Sekunden zugreifen und alle Details, die Sie jemals in Ihr Gedächtnis aufgenommen haben, abrufen. Mehr noch, Sie können über eine Kontextsuche alle verwandten Themen zu einem bestimmten Schlüsselbegriff finden und vergleichen, unabhängig davon, wann und über welches Medium Sie diese Information im Gedächtnis gespeichert haben. Unglaublich? Dennoch trifft diese Metapher die Speicherleistung Ihres Gehirns wie den Nagel auf den Kopf. Unser Gehirn ist der größte bekannte „Speicherchip" der Welt. Obwohl wir jedes Jahr immer schnellere Supercomputer bauen, die wir mit immer größeren Speicher- und Rechenleistungen ausrüsten, kann bis heute kein Computer die Leistungen des Gehirns auch nur annähernd simulieren. Zwar gibt es Schachcomputer, die selbst menschliche Schachweltmeister Matt setzen, und Simulationsprogramme, die das tägliche Wetter während der gesamten letzten Eiszeit berechnen. Allerdings wird meist übersehen, dass es sich hierbei immer um spezifische und begrenzte Einzelleistungen handelt. Und kennen Sie die Ausmaße, die ein Supercomputer besitzt? Das Gehirn begnügt sich mit wenigen Kubikzentimetern, ein elektronisches Superhirn benötigt viele Kubikmeter für seine Speicher.

Dennoch fragen wir uns manchmal, warum dieses geballte Wissen, das in unserem Gehirn gespeichert ist, verhältnismäßig wenig Einfluss auf unseren Alltag hat. Warum streiten wir uns um Parkplätze, ziehen in Kriege und fahren Autos, die unser Klima belasten, obwohl wir es besser wissen? Neurobiologisch ist diese Frage recht leicht zu beantworten. Ein Großteil unserer Handlungen sind Reaktionen auf Programme, die unsere Urahnen vor direkten Gefahren der Umwelt schützen sollten. Wenn wir diese Programme mit Intelligenz anreichern wollen, müssen wir eine Sprache sprechen, die auch der Steinzeitmensch in uns versteht. Verstehen heißt hier nichts anderes als reagieren.

Der Code, mit dem theoretisches Wissen in der Großhirnrinde abgespeichert ist, unterscheidet sich fundamental von dem Code, der uns und unsere Urahnen seit Millionen von Jahren in Bewegung setzt. Lassen Sie mich das an einem gängigen Beispiel erklären.

➤ *Wenn unser Gehirn die Zahl 3471528426 denkt oder liest, entsteht eine so genannte „neuronale Repräsentation" in dem Gehirnareal, das bevorzugt Zahlen verarbeitet. Zahlen sind prinzipiell etwas sehr Abstraktes, und der Ort, an dem das Gehirn Zahlen verarbeitet, liegt weit weg von dem Ort, an dem Bewegungshandlungen vorbereitet werden. Wenn wir jedoch eine abstrakte Zahl mit einem konkreten Ereignis verknüpfen und anders darstellen, sagen wir 3, 4, 7, 15, 28, 42 und eine zusätzliche Zahl 6 und uns zu dieser Zahlenfolge das Klack-Geräusch von fallenden und rollenden Kunststoffkugeln vorstellen, verbunden mit einer freundlichen Frauenstimme, die die Zahlen regelmäßig nach dem Klack-Geräusch ansagt, entstehen bei manchen Lesern gewisse emotionale Reaktionen, die vielleicht mit dem Impuls verknüpft sind, aufzustehen und in der Brieftasche zu kontrollieren, ob der aktuelle Lottoschein auch richtig ausgefüllt, bezahlt und am rechten Platz aufbewahrt ist.*

Was ist der Unterschied zur abstrakten Zahlenfolge, und warum löst die Verknüpfung der Zahlen mit einer bestimmten Situation einen Handlungsimpuls in uns aus? Nun auch diese Frage lässt sich neurobiologisch wieder relativ einfach beantworten: Der Code, mit dem diese Vorstellung erzeugt wurde, entspricht dem Code, mit dem wir Bewegungen in Gang setzen.

Anders ausgedrückt: Die intensive Vorstellung einer Gewinnsituation macht einen ansonsten völlig banalen und abstrakten „Zahlen-Code" zu einem multisensorischen Thriller, der uns Herzklopfen bereiten kann. Vorausgesetzt natürlich, man ist Lottospieler.

Stellen Sie sich ein exklusives Cabrio vor, fotografiert auf einem Schrottplatz. Tauschen wir die Hintergründe aus, wie das heute jeder Computer mit zwei Mausklicks kann, und stellen wir uns denselben Luxuschlitten vor der Skyline von Montecarlo vor. Welches der beiden Motive erscheint attraktiver und wertvoller im Auge des Betrachters?

! ***Der zentrale Code, der in unserem Gehirn Bewegungsimpulse auslöst, ist eine intensive bildhafte Vorstellung.***

Die meisten „Erfolgsstories" scheitern an diesem einfachen Prinzip. Die Natur hat unsere Motorik nicht für Luxusjachten programmiert, sondern für Säbelzahntiger. Unsere Sinneswahrnehmungen sind ohne den Einfluss des Großhirns primär auf automatische Reaktionen des Affen- und Reptilienhirns kalibriert. Ich nutze diesen Begriff aus der Computersprache hier ganz gezielt, um Ihnen bewusst zu machen, wie stark unser Verhalten auf automatischen Reaktionen und Programmen basiert, die weit entfernt sind, uns zu helfen, abstrakte, neuzeitliche Ziele und Vorhaben auszuführen. Kalibrieren bedeutet in der IT-Sprache das Anpassen unterschiedlicher Hardwarekomponenten, damit sie miteinander kommunizieren und Befehle untereinander austauschen und ausführen können. Hierzu werden so genannte „Treiber" installiert, die als Schnittstelle zwischen den unterschiedlichen Komponenten fungieren.

Grundsätzlich sind zwar alle Gehirnareale untereinander kompatibel und vernetzt, aber die Region „Sprache" funktioniert in ihren „Denkgewohnheiten" ganz anders als die Region „Riechen" oder „Laufen". Sie sind quasi nicht aufeinander kalibriert. Sehen Sie sich Kinder an, denen Eltern verzweifelt schreiend hinterherrennen, um sie vor drohenden Gefahren zu schützen. Den verbalen Instruktionen der Eltern messen sie kaum Bedeutung bei. Sie gehen ganz auf in ihrem momentanen Bewegungsdrang.

Bewegung ist eines der grundlegenden biologischen Programme, die im Gehirn gespeichert sind. Springen, Laufen, Hüpfen, Klettern sind mit starken positiven emotionalen Reizen gekoppelt. Anders ausgedrückt: Es macht einfach Spaß, sich dem Bewegungsdrang hinzugeben.

Bevor wir uns einem weiteren Aspekt der modernen Gehirnforschung nähern wollen, möchte ich kurz noch einmal die zentralen Aussagen des letzten Abschnitts zusammenfassen:

Obwohl unser Gehirn sich im Laufe der Evolution zu einem immer komplexeren Netzwerk aus Nervenzellen und Nervenfasern entwickelt hat, sind bestimmte Grundmechanismen relativ einfach strukturiert. Der größte Teil der Gehirntätigkeit funktioniert automatisch im Hintergrund, und wir können uns prinzipiell sehr gut auf die „Rechenleistung" unseres „Biocomputers" verlassen. Je abstrakter und komplexer die Realität jedoch wird, desto wichtiger ist es, neben den automatischen Programmen auch die mentalen Funktionen „zuzuschalten", die dem Autopiloten der älteren Hirnbereiche eine individuelle Steuerkonsole hinzufügen. Moderne Jets werden von automatischen Programmen mit Start- und Landesequenzen mit nahezu hundertprozentiger Sicherheit gestartet und gelandet. Nur in Notfällen oder anderen schwierigen Situationen kann der Pilot manuell in die Sequenzen eingreifen. So ähnlich kann man sich die Rollenverteilung zwischen Großhirn und den archaischen Hirnregionen vorstellen. Die mentalen Funktionen der Großhirnrinde beobachten und überwachen die Abläufe. Ist der Autopilot überfordert, steuern wir über mentale Impulse gezielt nach, um auf Kurs zu bleiben und ans Ziel zu gelangen.

Der Code, mit dem wir beobachten und kontrollieren, ist unser abstraktes sprachliches Denken in der linken Großhirnrinde. Der zweite Code, mit dem wir Impulse an die älteren Hirnareale senden, sind intensive Vorstellungen des gewünschten Zustandes oder Verhaltens, das uns ans Ziel bringt. Wörter allein lösen keine Handlungsimpulse aus. Sie müssen mit intensiven Vorstellungsbildern gekoppelt sein. Wenn wir also beide mentale Codes sinnvoll kombinieren und durch gezieltes Training deren Impulskraft stärken, haben wir ein optimales Steuerinstrument, um unser Befinden und Verhalten gezielt zu beeinflussen.

WYSIWYG oder: Warum unser Gehirn in Bildern denkt

Der menschliche Sprachcode ist ein evolutionär recht junger Code. Sprachwissenschaftler gehen davon aus, dass die menschliche Sprache sich vor etwa 40 000 Jahren entwickelte. Hominiden, also menschenähnliche Wesen, existieren jedoch schon seit mindestens zwei Millionen Jahren auf unserem Planeten. Die Frage ist: Wie haben sich die ersten Menschen verständigt? Denn bereits seit der Altsteinzeit ist der Urmensch in der Lage, einfache Werkzeuge zu bauen und das Feuer zu nutzen. Archäologen fanden auch Hinweise auf frühe Kulte. Religiöse Handlungen erfordern jedoch eine Symbolik, die jedes Stammesmitglied versteht. Also mit anderen Worten: eine Sprache. So bruchstückhaft unser Wissen aus der Frühgeschichte des Menschen auch ist, eines gilt als sicher: Das menschliche Gehirn ist seit seiner Entstehung prinzipiell in der Lage, mit komplexen Symbolen zu kommunizieren. Vorstellungsbilder scheinen die älteste Form der mentalen Funktionen darzustellen. Sie sind eng mit der Fähigkeit zu träumen verwandt. Die während des Träumens im Schlaf auftretenden schnellen Augenbewegungen (Rapid Eye Movement) werden übrigens auch bei Säugetieren beobachtet. Traumbilder und Fantasie stellen demnach eine ganz elementare Erfahrung von höher entwickelten Gehirnen dar. Es ist also kein Zufall, dass das Denken in Bildern komplexer in die Hirnfunktionen integriert ist, als das abstrakte Denken der Sprache. Bildhaftes Denken ist Millionen Jahre alt, Sprache dagegen nur wenige Jahrtausende!

Eine der ältesten Schulungsformen für mentale Bilder, Silva Mind Control, befähigt die Anwender, mittels eines stufenweisen Trainings geistige Bilder gezielt zu entwickeln und zu steuern. Entwickelt wurde das Training von Jose Silva in den 1950er Jahren. Ohne eine formelle Schulbindung war Jose Silva in New Mexico im Südwesten der USA aufgewachsen. Wie die meisten mexikanischen Einwanderer kam er aus in ärmlichen Verhältnissen. Früh musste er zum Unterhalt der Familie beitragen. Erst in der US Army konnte er den lang gehegten Wunsch nach Wissen und Bildung stillen. Nach seiner Armeezeit eröffnete er ein kleines Geschäft und spezialisierte sich auf elektronische Geräte und Antennensysteme. Da er kaum Zeit hatte zu lernen und sich weiterzubilden, nutzte er eine einfache Technik, um in kürzester Zeit so viel wie möglich zu lernen. Heute kennt man diese Technik als Superlearning. Jose Silva nannte seine Methode Alphatraining. Alpha bezieht sich auf die langsameren Alphawellen, die im Gehirn entstehen, sobald wir die Augen schließen und uns innerlich entspannen. Wir werden später auf dieses Thema zurückkommen. Nach jahrelangen Experimenten und Studien entwickelte Silva ein spezielles Schulungssystem, das er in Wochenendkursen vermittelte. Den Anfang seiner Übungssequenzen zur Schulung der Vorstellungskraft machen einfache geometrische Figuren wie Kugeln, Pyramiden oder Würfel. Wenn Sie ungeübt sind, ist dieses Gehirnjoggen mitunter so anstrengend wie richtiges Muskeltraining. Es braucht eine gewisse Trainingszeit, bevor das innere Auge flexibel genug ist. Versucht man, sich solche Gebilde räumlich vorzustellen und in Größe und Position zu variieren, entwickelt das Gehirn nach einer gewissen Gewöhnung die Fähigkeit, auch komplexere Vorstellungen perspektivisch zu gestalten. Am Ende des Trainings sind die Anwender in der Lage, wie ein Filmregisseur mentale Simulationen zu erzeugen und minutiös zu steuern. Der Erfolg der Methode rührt wohl daher, dass sie sich auf die elementarste mentale Technik beschränkt. Silva Mind verzichtet weitgehend auf einen komplizierten Überbau und hält das Technikrepertoire bewusst einfach. Obwohl ich persönlich nur einen Silva-Mind-Audio-Kurs besucht habe, nutze ich seit vielen Jahren eine zentrale Silva-Mind-Technik mit verblüffend hoher Trefferquote:

das Wiederfinden verlegter Gegenstände mittels eines mentalen Bildes.

➤ *Wie oft ist man im Alltag auf der Suche nach einem Schlüssel, Portemonaie, einem Werkzeug oder der Brille, der Fernbedienung oder einem Brief, den man seit langem beantworten möchte. Die Liste könnte ich beliebig fortsetzen. Meine normale Reaktion nach dem Verlegen eines Gegenstandes ist, dass ich mich zunächst ärgere, dass ich den Schlüssel suchen muss. Danach überlege ich, wann ich ihn zuletzt benutzt haben könnte, um dann an den wahrscheinlichsten Orten nachzusehen. Mein Verstand sagt mir vielleicht, dass ich jemanden aus der Familie fragen sollte oder einfach abwarte, bis es mir wieder einfällt.*

Während dieser Ereigniskette denke ich abstrakt an den Gegenstand. Abstrakt heißt, dass ich mir das Bild des Schlüssels oder noch besser die Beschaffenheit des Schlüssels, wie er in meiner Hand liegt oder sich in das Schloss einfügt, kaum oder nur sehr vage und allgemein vorstelle. Dieser primär von meiner linken Hirnhälfte gesteuerte Suchvorgang endet dann meist mit dem resignativen Gedanken, alt und vergesslich geworden zu sein. Es folgt prompt eine Übersprungshandlung, ein Telefonat oder ein Gang zur Kaffeemaschine. Erst im Moment der Ablenkung kommt mir dann diese Silva-Mind-Technik in den Sinn. Der erste Gedanke ist dabei: „Lass den Quatsch – du hast doch lange genug nach dem blöden Schlüssel gesucht." Diesen berechtigten Einwand meines Verstandes entkräfte ich jedoch sofort mit der Erinnerung, schon nach vielen erfolglosen Suchaktionen durch die Technik des „Visualisierens" fündig geworden zu sein. Der entscheidende Unterschied zwischen dem „abstrakten Denken" an etwas und dem „Visualisieren" ist nämlich: Alle inneren Sinneskanäle sind beim Visualisieren eingebunden und aktiv beteiligt. Intensive Vorstellungsübungen sind wie ein inneres 3-D-Erlebniskino. Wenn ich mir den Befehl geben kann, den Schlüssel in meiner Hand zu fühlen, oder wenn ich „sehe", wie ich durch einen Knopfdruck auf die Fernbedienung den Fernseher einschalte, produziert meine rechte Gehirnhälfte intensive spezifische Sinnesreize. Diese aktivieren sowohl mein bildhaftes Gedächtnis als auch meine Motorik. Die Sensomotorik, also die Kombination aus Wahrnehmung und Bewegung, erhält durch diesen Gehirncocktail eine konkrete Arbeitsanweisung, die viel hochauflösender ist als die abstrakte Absicht, einen Gegenstand zu suchen. Zugegeben, es klappt nicht immer hundertprozentig, aber in acht von zehn Fällen wird meine rechte Gehirnhälfte innerhalb kürzester Zeit fündig, und zwar selbst an den unglaublichsten Orten. Die

Kraft von simultaner, gleichzeitiger Verarbeitung von Informationen ist enorm!

Warum schweife ich von der Hirnanatomie so weit ab? Ganz einfach, ich versprach, Sie nicht zu langweilen mit anatomischen Details. Die Silva-Technik ist angewandte Gehirnforschung par excellence. Sie können mit der „Bilder-Technik" die verrücktesten Experimente durchführen und Spaß und Nutzen der rechten Gehirnhälfte auf ganz einfache Weise im Alltag testen. Ich weiß, dass wir „gebildeten" Erwachsenen uns sehr schwer mit den Bild gebenden Verfahren unseres Gehirns tun. Wenn wir nicht gerade Musiker oder Bildhauer sind, umschiffen wir gekonnt die Fantasiegebilde unseres Vorstellungsvermögens und beschränken uns im Normalfall auf Algorithmen, Checklisten oder „Balanced Scorecards", um eine komplexe Situation zu erfassen. Nur verhalten wir uns dadurch sehr unökonomisch. Denn unsere Gehirnanatomie ändert sich nicht durch die Überbetonung von linkshirnigem analytischem Denken. Das einzige, was sich ändert, sind unsere Resultate. Unzählige Untersuchungen und Studien belegen, dass „Erfolgsmenschen" wie herausragende Wissenschaftler, Nobelpreisträger und Unternehmer selten über mehr Wissen oder intellektuelle Intelligenz im Vergleich zu ihren Mitmenschen verfügen. Der Unterschied liegt lediglich in der Art ihres Denkens. Erfolgreiche Menschen nutzen einfach nur stärker als andere ihre rechte Gehirnhälfte. Denn:

Was wir nutzen, verstärkt sich. **!**

Ich möchte diesen Denkunterschied kurz historisch belegen. Martin Luther, der Vater der Reformation, übersetzte vor etwa 500 Jahren die Bibel aus den lateinischen und griechischen Urtexten ins Deutsche. Damit löste er eine geistige und politische Revolution aus, die er kaum abschätzen konnte, als er sein Werk begann. Er war von der „Vision" angetrieben, dass jeder, der des Lesens mächtig war, die Bibel lesen und verstehen sollte. Die Bibel war während des Mittelalters nur auf Latein oder Griechisch erhältlich. Dadurch konnte die Katholische Kirche die Lehrsätze der Bibel nach Belieben auslegen, ohne jede weltliche Kontrolle. Da Luther als Gelehrter neben den christlichen Interpretationen auch die klassischen antiken Philosophien kannte, die besonders das neue Testament beeinflusst hatten, bemühte er sich um eine möglichst klare und eindeutige Sprache bei seiner Übersetzung. Noch heute gilt deshalb die „Einheitsübersetzung nach Luther" als Maßstab. Ein sehr anschauliches Beispiel für Luthers weit blickende Übersetzungsarbeit ist das Johannesevangelium. Seine Übersetzung beginnt mit dem Satz: „Am Anfang war das Wort und das Wort war bei Gott." Der griechische Begriff, den Luther hier als *„Wort"* übersetzt, heißt *„Logos"* (λογος) und hat sowohl in der griechischen Philosophie als auch im hellenistischen Judentum eine besondere Bedeutung. Während die Griechen mit „Logos" ursprünglich die Begriffe Wort und Verstand umschrieben, entwickelt sich über die Jahrhunderte seine Bedeutung hin zu einer übergeordneten göttlichen Gesetzmäßigkeit. Logos ist in der zentralen griechischen Philosophie, der Stoa, mit dem chinesischen Tao vergleichbar. Tao bedeutet so viel wie das ewige Wesensprinzip hinter der Schöpfung. Das hellenistische Judentum wandelt den Begriff weiter zum göttlichen Weltgedanken, zur Idee der Schöpfung, die sich als „Sohn Gottes" manifestiert. Dieser metaphysische Entwicklungsprozess gipfelt in der christlichen Vorstellung von Jesus als der „fleischgewordene" Logos.

Für einen mittelmäßig gebildeten Menschen des 16. Jahrhunderts war die griechische Philosophie nur schwer nachzuvollziehen. Für ihn war die Welt von Gott in einem einzigartigen sechstägigen Schöpfungsakt erschaffen worden, und alles und jeder hatte seinen festen Platz in dieser Schöpfung. Veränderung und Entwicklung, die gar durch den menschlichen Verstand mit verursacht wurde, gab es im Weltbild des Mittelalters nicht. Vielleicht hat sich Luther deshalb entschieden, Logos einfach mit „Wort" zu übersetzen. Denn eigentlich stellt Logos in seiner Etymologie die ganze Bandbreite des schöpferischen „Gedankens" dar. Vom abstrakten Wort der linken logischen Hirnhemisphäre bis hin zur rechtshemisphärischen kreativen Ideenschöpfung.

Diese Metapher und das darin enthaltende „esoterische" Mysterium prägen übrigens unsere gesamte abendländische Geschichte. Kein Wunder also, dass auch wir uns an dieser Stelle mit dem Thema beschäftigen. Das göttliche, schöpferische Wort ist demnach eher mit dem bildhaften Denken verwandt als mit dem abstrakten logischen Denken. Mir gibt diese Metapher immer wieder zu denken. Die Vorstellung, dass sich vor fast drei Jahrtausenden kluge Köpfe bereits so intensiv und umfassend mit mentalen Prozessen beschäftigt haben, finde ich faszinierend. Die griechische Wissenschaft bestätigt damit auch, dass unser Gehirn sich selbst auf sehr differenzierte und intelligente Weise beobachtet. Und wie es scheint, findet dieser Selbsterkenntnisprozess schon seit Jahrtausenden statt. Wie gesagt, die grundlegenden mentalen Funktionen, insbesondere das Bilderdenken, existieren bereits seit Millionen von Jahren!

Kinder erleben diese Jahrtausende alte kulturgeschichtliche Entwicklung quasi im Zeitraffer am eigenen Leib wieder. In den ersten Lebensjahren entwickelt das Gehirn primär sensorische und motorische Fähigkeiten. In dieser Zeit ist die rechte Gehirnhälfte, also das bildhafte Denken, dominant. Erst mit der Sprachentwicklung im zweiten Lebensjahr werden die logischen analytischen und damit auch sequenziellen Funktionen der linken Hirnhemisphäre ausgebildet und mit den anderen Hirnzentren vernetzt. Also auch auf individueller Ebene entwickeln sich Sensorik und Motorik weitgehend „ohne Worte".

Ich erwähnte eingangs, dass die moderne Gehirnforschung unter dem Problem leidet, dass das einfache Kartografieren von Hirnfunktionen mit der Dynamik der neuronalen Vernetzung nicht zu vereinbaren ist. Die Hirnforscher der Vergangenheit lokalisierten eine bestimmte Funktion, wie beispielsweise die Sprache, nur im „Sprachzentrum" an einem ganz konkreten Ort in der linken Großhirnhemisphäre. In den letzten Jahren entdeckte man dagegen zusätzliche Querverbindungen auch ins limbische System, die an der Sprachverarbeitung beteiligt sind. Prinzipiell scheinen alle Funktionen untereinander vernetzt zu sein, und je nach Aufgabenstellung kommuniziert das Gehirn mit den unterschiedlichsten Hirnarealen, um ein optimales Ergebnis zu erzielen. Auch hier wird also wieder deutlich, dass das logische Ordnen und Strukturieren einer so hoch komplexen Struktur, wie es das Gehirn darstellt, nur bedingt möglich ist. Noch fehlt der modernen Wissenschaft jedoch eine kreative „Bildersprache", um das Gehirn und insbesondere seine nicht-lineare Struktur zu verstehen.

Kehren wir also auf die Anwenderebene zurück. Denn viele Geheimnisse und Paradoxien der Gehirnanatomie werden in der Praxis leichter verständlich. Ich habe versucht, den komplexen Zusammenhang zwischen bildhafter Wahrnehmung, visuellem Gedächtnis und unseren Bewegungen anhand meiner „mentalen Suchaktion" verständlich zu machen. Um zu zeigen, dass es sich bei mentalen Bildern um eine wirklich grundlegende und sehr alte Gehirnfunktion handelt, mussten wir ein wenig in der Geschichte ausholen. Und wir konnten sehen, dass die Bildersprache nicht nur älter als die Wortsprache ist. Sie ist auch ganzheitlicher. Bildhaftes Denken ist immer dann überlegen, wenn wir komplexe Systeme verstehen oder Situationen schöpferisch gestalten wollen. Schöpferisches und göttliches Denken galt bereits den Menschen der Antike als Synonym. Wenn wir mentale Bilder erzeugen und nutzen, kehren wir demnach bewusst und gezielt in einen schöpferischen „Urzustand" zurück und verlassen die Ebene der logischen Abstraktion, die nur durch Sprache möglich ist.

Diese Zusammenhänge auf neurobiologischer Ebene verständlich darzustellen ist mir sehr wichtig. Denn:

! ***Je besser wir verstehen, wie „logisch" diese „unlogischen" Funktionen unseres Gehirns letztlich sind, desto mehr können wir zulassen, dass Gedankenbilder unserem logischen Denken in vielen Bereichen weit überlegen sind.***

Vielleicht hatten Sie früher einmal Gelegenheit, einen der Klassiker der Erfolgsliteratur zu lesen. Ich kann Ihnen dieses Erlebnis nur wärmstens empfehlen. Mangels wissenschaftlicher Grundlagen verwenden die Altmeister der Erfolgsliteratur sehr starke Metaphern. Sie versuchen durch ihre bildhafte Sprache unsere rechte Hirnhemisphäre anzusprechen. Fehlende logische Argumente ersetzten sie gekonnt durch „Storytelling" und „Testimonials".

➤ *Ich hatte als Student kurz vor meinem Studienabschluss eine sehr tief greifende Erfahrung, die mich stark am Sinn des mentalen Trainings zweifeln ließ. Nach meiner theoretischen Diplomarbeit hatte ich die Aufgabe, die Umsetzung der Mentaltechniken im Rahmen eines praktischen Jahres unter Beweis zu stellen. Ich muss dazu bemerken, dass ich seinerzeit über keinerlei betriebswirtschaftliche Kenntnisse verfügte und es mir ähnlich ging wie vielen freiberuflichen Beratern und Trainern. Mit einer gewissen Naivität ging ich an mein Gründungswerk. Ich fand einen Wirtschaftsprüfer, der meine Geschäftsidee zu einem Businessplan weiterentwickelte. Alles schien sich durch meinen positiven Erfolgsglauben zu meinem Besten zu fügen. Ich erhielt aufgrund der Ausführungen des Wirtschaftsprüfers ein kleines Darlehen, unterschrieb einen gewerblichen Mietvertrag und kaufte das passende Mobiliar für meine „Relaxthek". Mein Entspannungsstudio stellte eine Mischung aus Solarium und musikalischem Entspannungstraining dar. Mein Grundgedanke war, wenn ich mentale Entspannung mit einer kosmetischen Komponente verknüpfe, fällt es mir leichter, Kunden zu gewinnen und zu begeistern. Schon bei 3,5 Kunden täglich hätte ich laut den Berechnungen meines Steuerberaters die Gewinnzone erreicht. Leider hatte ich die Rechnung ohne meinen „limbischen*

Wirt" gemacht. Trotz meiner aufwändigen Planung und Vorbereitung ging das gesamte Projekt noch vor der Eröffnung schief.

Der Mietvertrag enthielt nämlich eine „klein gedruckte" Klausel, die jeder Geschäftsmann sicher sofort entdeckt hätte: „Mietbeginn voraussichtlich am ..." Das Wort „voraussichtlich" bedeutet in der Vertragssprache so viel wie an „Sankt Nimmerlein". Und tatsächlich wartete ich wochenlang vergeblich auf die Übergabe der Räume und den Einzug in meine „Relaxthek". Der Bauherr, der das Gebäude sanieren sollte, ging mitten während der Sanierung Pleite, und ich stand ungläubig vor der Ruine meiner Erfolgspläne. Statt eines erfolgreichen Einstiegs in mein Berufsleben als Ziele-Coach, hinterließ ich gleich zu Beginn einen Berg Schulden. Alles, was mir blieb, war eine Mentalkassette mit inspirierender Entspannungsmusik.

In dieser Lebenskrise entdeckte ich wohl nicht ganz zufällig in der örtlichen Stadtbibliothek Joseph Murpheys Grundlagenwerk „Die Macht Ihres Unterbewusstseins". Im Stil evangelikaler Erweckungsliteratur weist Murphey seine Leser in die Macht des schöpferischen Denkens ein. Sein Buch ist gespickt mit einer Vielzahl von Bibelzitaten und „Testimonials" seiner Anwender. Der Autor breitet ein gewaltiges Feuerwerk des positiven Glaubens an sich selbst und die göttlichen Kräfte im „Unterbewusstsein" vor dem Leser aus. Ich war froh, dieses monumentale Werk erst am Ende meines Studiums entdeckt zu haben. Denn für mich war klar, dass Esoterik und christlicher Fundamentalismus das Erfolgsdenken für meine Zielgruppe nicht unbedingt attraktiver machte. Dennoch half mir die Lektüre über eine schwierige Zeit hinweg und unterstützte mich darin, mein motivatorisches Loch nach der Enttäuschung über meinen beruflichen Misserfolg zu überwinden.

Ich erwähne diese für meinen Lebensweg entscheidende Sequenz aus zwei Gründen: Zum einen weil sie symptomatisch ist für unseren Umgang mit „Erfolgstechniken". Erst in Krisen und Nöten öffnet sich der Mensch für neue Ideen. „Not macht erfinderisch", sagt der Volksmund dazu. Was aber, wenn wir unsere Krise gemeistert haben oder unser Problem gelöst ist? Dann kehren wir schnell wieder zum normalen Denken zurück. Das kreative bildhafte „Positive Denken" bleibt ein einmaliges Erweckungserlebnis. Erst wenn die nächste Krise naht, kramen wir den Erfolgsschmöker wieder hervor.

Zum anderen lag die Ursache für meinen Misserfolg ganz klar auf der Hand. Ich hatte trotz all meines Wissens über die moderne

Hirnanatomie und jahrelanges mentales Training im entscheidenden Moment „vergessen“, meine hochtrabenden Pläne mental richtig zu verankern. Ich hatte zwar intellektuell begriffen, worum es im Erfolgsdenken ging, aber ich hatte es versäumt, mir insgesamt eine neue Denkkultur anzugewöhnen. Es fehlte mir ein tieferes Verständnis für die Zusammenhänge zwischen der logischen sprachlichen Ausdrucksweise der linken Hirnhälfte einerseits und der schöpferisch kreativen rechten Hirnhemisphäre andererseits. Mein ganzes Abschlussprojekt hatte mich so sehr unter Erfolgszwang gesetzt, dass ich vor lauter Versagensangst vergessen hatte, mir meinen Alltag als erfolgreicher Relaxthek-Besitzer *vorzustellen,* geschweige denn, mich darauf zu freuen und diese Vorfreude zu *genießen.*

So hart und existenziell bedrohend dieser Misserfolg für mich auch war, er zwang mich dazu, mir grundlegende Gedanken über meinen zukünftigen Berufsweg zu machen. Im Grunde musste ich meine gesamte Erfolgsphilosophie überdenken. Klassiker wie Murphey bezeichnen den „Glauben“ als grundlegendes Element für die Wirkung von positiven Zielvorstellungen. Glaube ist hier primär im religiösen Sinne gemeint, wie der Glaube an Gott oder der Glaube als feste Erwartung der Erfüllung eines Gebetes. Meine Erfahrung aus über zwanzig Jahren Mentaltraining, Ziele-Coaching und Beratung zeigt jedoch etwas anderes.

! ***Entscheidend für Erfolg oder Misserfolg ist weniger der Glaube, sondern die Intensität der Vorstellung.***

Vorstellungsbilder haben nur zum Schein etwas „Magisches“ an sich, das wir durch Glauben fördern könnten. Neuere Untersuchungen belegen, dass der größte Teil der mentalen Blaupausen, die unser Gehirn produziert, um Bewegungshandlungen vorzubereiten, präkognitiv, also unbewusst erzeugt werden. Rein wissenschaftlich betrachtet gibt es keine Magie im Sinne einer „magischen“ Anziehung von Ereignissen durch mentale Vorstellungen. Die Magie entsteht nur zum Schein, wenn wir diesen automatisierten Prozess bewusst nachahmen und aktiv zu steuern versuchen. Unsere Motorik benötigt nämlich sehr exakte Vorgaben, um präzise Bewegungen ausführen zu können.

Denken wir an das Einparken. Nur wenige Zentimeter entscheiden hier über „Erfolg“ oder „Misserfolg“ unserer Handlung. Erfolgreiches Einparken ist eine komplexe mentale Höchstleistung unseres sensomotorischen Apparates! Wenn Sie Spaß an Experimenten haben, versuchen Sie einfach einmal, sich die einzelnen Sequenzen Ihres letzten Parkmanövers vor Ihrem geistigen Auge ins Gedächtnis zu rufen. Wenn Sie das geschafft haben, bekommen Sie eine leise Ahnung, wie aufwändig die Steuerung von Bewegungshandlungen im Grunde ist. Nun laufen diese „prämotorischen" Prozesse permanent und mit einer hohen Präzision in unserem Gehirn ab, ohne dass wir je Notiz davon nehmen würden. Erst wenn wir etwas neu lernen oder uns auf eine neue Situation vorbereiten wollen, machen wir uns diese Prozesse bewusst. Dass wir hier natürlich nicht auf Anhieb die Präzision und Sicherheit unseres limbischen „Autopiloten" erreichen, ist im Grunde logisch. Unser Verstand muss die einzelnen Bewegungskomponenten nachvollziehen. Erst wenn sie sich zu einem harmonischen Bilderfluss zusammenfügen, kann unser Bewegungsapparat die Sequenzen umsetzen.

Mentale Vorstellungen benötigen eine hohe Intensität, Plastizität, Präzision und Wiederholungsfrequenz, um eine gezielte und erfolgreiche Bewegungshandlung auszulösen. !

Im Klartext heißt dies: Das Gehirn wird nur auf solche Bilder reagieren, die genügend neuronale Aktivität in den Nervenzellen auslösen. Je vager das Konzept oder die Idee, je abstrakter die Absicht, je unkonkreter die Schritte, desto unwahrscheinlicher ist es, dass eine Bewegungshandlung ausgelöst wird. Auf neuronaler Ebene werden einfach zu wenig „neuronale Feuer" entfacht, um motorische Impulse an die Muskeln weiterzugeben. Erst wenn mentale Vorstellungen durch Intensität und Wiederholung den Chemiecocktail in unseren Nervenbahnen zum „Schäumen" und „Überlaufen" bringen, erhalten die Muskeln den Reiz, sich zu bewegen.

Erinnern wir uns an die verlegte Fernbedienung oder den Autoschlüssel. Die typischen Anweisungen an unser Gehirn in dieser Situation lauten: Es ist weg, ich kann mich nicht erinnern, wo und wann ich es verlegt habe, ich muss „suchen". Diese Vorgaben sind in etwa so viel Wert, als würde ich im Telefonbuch einen alten Freund „suchen", ohne dass mir sein Name einfällt. Es ist eine gängige Metapher, unser Gehirn mit einem Biocomputer zu vergleichen. Vergleiche hinken zwar meistens, aber in diesem Fall gibt es genügend Parallelen zwischen Gehirn und Computer. Und um ehrlich zu sein, kennen sich die meisten Menschen besser mit der Hard- und Software ihres Computers aus als mit ihrem Gehirn.

In der Computersprache steht die Abkürzung WYSIWYG für den Satz: „What You See Is What You Get." Auf Deutsch: „Was du siehst, ist, was du bekommst". Ursprünglich bedeutete dieses Prinzip, dass Ihr PC ein Dokument auf seinem Bildschirm genau so darstellt wie auf einem anderen Ausgabegerät, zum Beispiel einem Drucker. Das war nicht immer selbstverständlich. Die ersten PCs hatten große Probleme mit der korrekten Darstellung von Daten auf dem Bildschirm. Die mentale Vorbereitung von Bewegungen verläuft im Prinzip ganz ähnlich wie die Übertragung von Informationen zwischen Computer, Bildschirm und Drucker. Auf der Festplatte wird ein Konzept erarbeitet, das als bildliche Darstellung auf dem Bildschirm erscheint, dann werden über den Druckmanager die Daten an den Drucker übermittelt. Bei jeder Übertragungsschnittstelle müssen die Daten neu aufbereitet werden, sodass sie am Ende exakt dem ursprünglichen Konzept auf der Festplatte entsprechen. Wenn wir eine Handlung planen, findet dieser Prozess genau so im Gehirn statt. Ein verbales Konzept (Idee, Ziel, Arbeitsanweisung) wird bildlich umgesetzt (Vorstellung) und ausgeführt (Handlung).

Es ist also ganz natürlich, dass die moderne Erfolgsliteratur WYSIWYG übernommen hat. „Ich bekomme, was ich mir vorstelle" wäre die sinnbildlich korrekte Übersetzung. Es lohnt sich, die neuronale Matrix hinter diesem Satz noch etwas genauer anzusehen. Nehmen wir dazu wieder den vermissten Autoschlüssel gedanklich zur Hand. Die abstrakteste Form unseres Schlüssels ist der Begriff selbst. Unser Gehirn ist in der Lage, „Schlüssel" zu denken oder zu lesen, ohne sich den Gegenstand selbst vorzustellen. Dies ist möglich, da die Erkennung des Wortes eine Funktion des Sprachzentrums ist. Denke ich nur ganz vage an den Schlüssel, entsteht in der bildhaften Vorstellung in der rechten Hirnhälfte entweder keine oder nur eine sehr vage allgemeine Schlüssel-Vorstellung. Die Nervenzellen leiten quasi nur eine zweidimensionale Strichzeichnung weiter.

Wenn Sie dringend weg müssen und Ihren Schlüssel verlegt haben, kann Sie der Gedanke an den fehlenden Schlüssel sogar regelrecht blockieren. Es entsteht eine typische Stressreaktion, auf die wir später noch ausführlicher zu sprechen kommen. Stress sorgt über verschiedene Mechanismen dafür, dass die einzelnen Hirnfunktionen nicht mehr koordiniert zusammenarbeiten, es kommt zu „Systemausfällen". Im schlimmsten Fall haben wir einen „Blackout". Wir werden zum Dinosaurier, der wutschnaubend auf Verteidigung umschaltet. In diesem Zustand sind wir zu nichts mehr zu gebrauchen. Insbesondere Schlüssel suchen ist dann ein aussichtsloses Unterfangen, denn selbst wenn er direkt vor unserer Nase läge, würden wir ihn nicht erkennen.

Schön wäre es, wenn wir in solch einer Situation unseren Stress herunterfahren könnten. Denn dann hätten wir wieder Zugang zu unserem visuellen Gedächtnis. Wie oft haben wir, den Schlüssel in der Hand haltend, den Motor unseres Autos angelassen? Bestimmt mehrere tausend Male. Das bedeutet im Klartext, dass unser Gehirn über einen umfangreichen sensomotorischen Erfahrungsschatz mit unserem Autoschlüssel verfügt und genau weiß, wie er sich anfühlt, wenn er sich in der Hand dreht und das Motorengeräusch hochfährt. Nur, wie gesagt, wir geben unserem Nervensystem in einer Suchsituation nicht den zielführenden Bilder-Code „Der Schlüssel ist im Zündschloss und lässt den Wagen an", sondern „Wenn ich jetzt nicht bald meinen Schlüssel finde, ist mein Flieger weg". Motorisch kann man von solchen Bildern nicht viel erwarten, motivatorisch sind sie geradezu ein Killer!

Vielleicht haben Sie schon einmal ein Buch über NLP in der Hand gehabt oder gar an einem Seminar über NLP teilgenommen. Neuro Linguistisches Programmieren ist eine der bekanntesten modernen Methoden, sich mentale, emotionale und motorische Prozesse bewusst zu machen und sie gezielt zu steuern. Da die Methodik des NLP stark von den Neurowissenschaften beeinflusst wird, entwickelt sich das System mit den aktuellen Erkenntnissen beständig weiter. Wenn Sie die oben beschriebenen neuronalen und mentalen Prozesse genauer beobachten möchten, finden Sie im Praxisteil des Buches wichtige Tipps und Übungen hierzu.

Die so genannten kognitiven Methoden, zu denen NLP zählt, setzen allerdings voraus, dass Sie über eine längere Phase der Adaption mit Unterstützung eines Trainers arbeiten, um die Prozesse auf bewusster Ebene wahrzunehmen und sie autodidaktisch steuern zu können. Mit anderen Worten, Sie müssen ein wenig Geduld und Zeit investieren, um mit diesen Methoden nachhaltige Erfolge zu produzieren. Mit Nachhaltigkeit meine ich in diesem Zusammenhang vor allem reproduzierbare Ergebnisse, auf die man sich im Alltag verlassen kann. Es nützt ja wenig, wenn ich in einer akuten Krise durch ein exotisches Ritual ein „Wunder" herbeizaubern kann, dieses Ritual aber im profanen Alltag versagt. „Wunder" sind ja schon per definitionem Ausnahmesituationen. Kognitive Methoden haben den Vorteil, dass sie sehr sachlich und analytisch in mentale Prozesse einführen. Der Einstieg erfolgt wie in einem Studium über das linkshemisphärische Logiksystem. Es werden keine Glaubenssysteme vermittelt, sondern funktionale Modelle, die es uns ermöglichen, die Komplexität der schöpferischen mentalen Prozesse auch intellektuell nachzuvollziehen.

Das mag in der Einzelsituation nicht immer von Bedeutung sein, aber Erfahrungen suchen sich immer einen Kontext, das Gehirn fragt immer nach Bedeutung. Nur wenn wir Erfolgsdenken wissenschaftlich durchleuchten, können wir auch einen modernen, zeitgemäßen Bezugsrahmen herstellen. Und dieser sorgt letztlich für Transparenz und Reproduzierbarkeit.

Erfolgserlebnisse sind sicher immer individuell. Aber ohne den sozialen Kontext einer Erfolgskultur bleiben sie Ausnahmeerlebnisse einiger weniger, die nur schwer nachvollziehbar sind. Erfolgsdenker gelten deshalb im Berufsleben noch immer als Exoten. Das wird wohl auch noch eine gewisse Zeit so bleiben. Jeder einzelne Anwender kann jedoch viel dazu beitragen, eine Erfolgskultur in seinem Wirkkreis zu fördern. Ein wichtiger Beitrag hierzu ist es, Erfolgserlebnisse transparent und damit nachvollziehbar zu machen. Die Zeit, in der man durch eine exklusive Managementtechnik wie Phönix aus der Asche zum Olymp aufstieg, ist längst passé. Was zählt, ist Teamspirit, der andere am Erfolg teilhaben lässt. Wenn Sie nur einem Ihrer Kollegen oder Mitarbeiter die oben beschriebene wissenschaftlichen Erkenntnisse so nahe bringen, dass er sie selbstständig umsetzen kann, dann haben Sie mehr erreicht als viele theoretische „Erfolgsdenker" .

Es ist eine Sache, eine intellektuelle Erkenntnis zu haben, und eine ganz andere, diese in die Tat umzusetzen. Wenn Sie nach dieser doch sehr komplexen Einführung in die neuronale Matrix Ihrer mentalen Funktionen eine simple praktische Erfahrung machen möchten, empfehle ich Ihnen jetzt, die Begleit-CD in Ihren CD-Player einzulegen und die Musik oder die Natursounds leise im Hintergrund abzuspielen. Ihre rechte Gehirnhälfte wird dann, während Sie lesen, sofort „hellhörig".

Eine zentrale Aufgabe von Ziele-Coaches ist es, den Dialog zwischen den logischen und bildhaft kreativen Gehirnfunktionen zu verbessern. Dieser Dialog wird über den Corpus Callosum organisiert. Der so gennante Balken verbindet die rechte und linke Großhirnhemisphäre miteinander. Sie können sich diesen Datenstrang wie ein sehr breites Scartkabel vorstellen. Die Nervenverbindungen sind jedoch wesentlich komplexer und verbinden mehrere hundert Millionen Nervenzellen. Der Corpus Callosum ermöglicht dem Gehirn nicht nur einen sehr komplexen Datentransfer. Über den Balken werden auch die unterschiedlichsten Funktionen miteinander synchronisiert. Ist Ihnen beispielsweise der Name eines Kollegen, den Sie länger nicht getroffen haben, entfallen, können Sie über den Corpus Callosum nach bildhaften Eselsbrücken in Ihrer Erinnerung suchen und mit diesen Ihr Namensgedächtnis auffrischen. Im Grunde „switchen" wir permanent zwischen beiden Hemisphären hin und her.

Allerdings ist in unserer intellektuell geprägten Denkkultur meist die linke Hirnhälfte dominanter. Wir greifen aus Gewohnheit lieber auf unsere Logik zurück. Das heißt, selbst wenn wir in den kommenden Wochen täglich mit kreativem bildhaften Denken leichter zu Ergebnissen kommen, wird unser analytischer Verstand nicht aufhören, diese Erfahrungen in Frage zu stellen. Ein durchschnittlich gebildeter Erwachsener in einem Industrieland ist als Folge von jahrelangem Training meist „linksdominant". Anders ausgedrückt: Unser analytisches Denken gibt den Ton an und dominiert unser Denken und Handeln. Wenn wir unsere rechte kreative Hirnhälfte besser kennen lernen wollen, müssen wir sie also erst einmal „einschalten" oder „trainieren". Die einfachste und beliebteste Methode, auf den „R-Modus" umzuschalten, kennen Sie vielleicht schon aus dem Sprachunterricht. Ich erwähnte sie bereits. Die moderne Fremdsprachendidaktik nutzt unter der Bezeichnung „Superlearning" die Fähigkeit der rechten Gehirnhälfte, simultan zu lernen. Zur Aktivierung der kreativen Seite unseres Bewusstseins verwendet das Superlearning klassische Musik. Die Aktivierung erfolgt über die Entspannung. Sie legen oder setzen sich bequem hin, schließen die Augen und lauschen fast absichtslos der Musik. Wenn Sie sich so entspannen, werden die logischen Denkmuster quasi gedämpft, gleichzeitig verstärken sich die rechtshemisphärischen Aktivitäten, assoziatives und bildhaftes Denken wird dominant.

In Asien kennt man seit Jahrhunderten einen anderen Weg, um intuitive Erkenntnisse zu fördern. Über scheinbar „unlogische" Sprachmuster wird die Logik gezielt unter Zugzwang gesetzt. Lothar Seiwert hat dieses Prinzip erfolgreich in unsere Managementbüros eingeführt. Sein Motto „Wenn du es eilig hast, gehe langsam" ist ein typischer Satz, der durch seine scheinbar widersprüchliche

Logik zum kreativen Nachdenken anregen soll. Es gibt heute kaum ein Chefbüro in Deutschland, in dem dieser Spruch fehlt.

Alphawellen – Das Wellness Center im Kopf

Wann haben Sie zuletzt einen Tag in einer Therme zugebracht? Einfach nur faul im warmen Wasser liegen und nichts tun. Die Seele baumeln lassen. Vielleicht eine exotische Massage dazu, bei der man davon schweben könnte. Es ist kein Zufall, dass die Menschen der Antike ausgiebig viel Zeit in Thermen und Bädern verbrachten. Die Griechen beispielsweise kannten zwei Götter für die Zeit, Chronos und Kairos. Chronos stand für die lineare, messbare Zeit, für Stunden, Minuten und Sekunden, wie wir sie heute auf unseren Uhren ablesen. Kairos galt dagegen als Zeit der Muße und der Sinne, es war eine persönliche Zeit, die ganz eigenen Gesetzen gehorchte. Kairos war geprägt vom inneren Erleben, von gefühlter Zeit. Die Griechen stellten sich den Gott Kairos als Mann mit einem langen Zopf vor. Er tauchte ungeplant auf, wenn wir unser lineares Zeitempfinden, unser Planen und Festlegen hinter uns ließen und wie Kinder im Augenblick aufgingen. Dann bescherte Kairos dem Menschen einen Glücksmoment oder eine „günstige Gelegenheit". Noch heute drückt sich dies in der Redewendung aus „eine Gelegenheit beim Schopfe packen".

Während die Mußestunde zur Kultur der Antike gehörte, beschränken wir uns heute auf „Leistung". Im modernen Zeitmanagement spricht man bereits von Speed-Management, also der Tendenz, immer mehr immer schneller zu erledigen. Zwischen E-Mail, SMS, Telefon und Projektagenda bleibt höchstens Platz für einen schnellen Espresso. Echte Relaxpausen, in denen man abschalten und Atem holen könnte, sind verpönt, etwas für Weicheier.

Auch fehlt in unserer funktionalen Arbeitswelt der Platz für Muße. Betriebliche Pausenräume sind meist optische Weggucker mit der Gemütlichkeit eines Wartezimmers beim Arzt. Räume, in denen bewusst und aktiv relaxt und sinniert werden könnte, gelten in Unternehmen als unnötiger Luxus. Wenn überhaupt, findet man solche Relax-Lounges höchsten auf Vorstandsebene.

Unser Alltag spiegelt unser Denken wider. Wohlfühlen und Leistung trennen wir nicht nur im Kopf, sondern auch im realen Leben. Obwohl uns die Wissenschaft seit vielen Jahren das Gegenteil bewiesen hat und Leistung und Muße als untrennbare Einheit erkannt hat. Hier sehen wir wieder, dass theoretische wissenschaftliche Erkenntnisse nur sehr begrenzt unsere Routinen verändern.

In der Einleitung erwähnte ich, dass trotz wachsender Forschung und Literatur über die Zusammenhänge zwischen mentaler Steuerung und Leistung die mentale Praxis stagniert. Als ich vor ein paar Jahren als Mentaltrainer bei einem internationalen Tennisturnier akkreditiert war, hatte ich viel Gelegenheit, mich in der VIP-Lounge mit Trainern und Spielern zu unterhalten. Ich genoss die zwanglose Atmosphäre, denn das Mentalcoaching für die Spieler übernahm mein „Assistent", eine Maschine: Ein japanischer Massagesessel mit Hi-Tec-Mental-CD. Während ich mich ausgiebig dem Smalltalk widmete oder Interviews gab, konnten die gestressten Tennisprofis neben der Physiotherapie den „Massage-Coach" nutzen, um sich zu entspannen und mental auf ihr nächstes Match vorzubereiten.

Neben dem klassischen Managementtraining betreue ich seit vielen Jahren auch Leistungssportler. Beide Berufsgruppen stehen unter einem enormen Leistungsdruck. Und beide können oder wollen sich nur ungern außerhalb ihrer Leistung definieren. Mit der Folge, dass sowohl Manager als auch Leistungssportler in der Regel extrem unter „Strom" stehen. Permanente Anspannung durch Dauerstress führt zu einer Reihe von Stresssymptomen, die über kurz oder lang zum totalen Systemausfall führen können. Ärzte diagnostizieren dann das „Burnout-Syndrom".

Bei Leistungssportlern konnte ich als Folge der permanenten psychophysischen Überlastung meist eine starke chronische Muskelanspannung feststellen. Wenn ich dieses Thema anspreche, kommt es zum Teil zu den ungewöhnlichsten Abwehrreaktionen. In besagter VIP-Lounge auf dem Tennisturnier traf ich auf einen sehr engagierten Vater eines bekannten Tennisstars. Stolz berichtete er, dass sein Sohn bereits das Viertelfinale gewonnen hätte und dass er den Rest sicher mit „links" schaffe. Ich kannte seinen Sohn schon viele Jahre und wusste von einem spannungsbedingten Verletzungssyndrom, das ihn besonders auf längeren Turnieren immer wieder zum Aufgeben gezwungen hatte. Vorsichtig tastete ich mich beim Vater an das Thema „Mentales" heran und fragte schließlich, ob sein Sohn schon Gelegenheit hatte, den neuen Massage-Coach zu testen. Ich schien sein Interesse geweckt zu haben, denn er beugte sich ein wenig zu mir herüber, und bat mich, die Funktion des Gerätes zu erklären. Kaum hatte ich den Begriff „mentale Entspannung" auch nur ausgesprochen, fuhr er mir aufgeregt ins Wort und brüllte über den Tisch: „Mentale Entspannung, ha, das ist doch was für Hascherl, nicht für den meinen, der gewinnt auch so!" (Anmerkung: Hascherl ist eine bayerisch-österreichische Bezeichnung für „Weichei" oder „Schlappschwanz"). Sie hätten mich sehen sollen. Gerade noch stolzer VIP-Mentalcoach, und plötzlich nur mehr Weichei-Berater. Der Satz war so entwaffnend, dass mir schlichtweg die Worte fehlten.

Diese Anekdote sagt mehr aus über die Einstellung zum Thema „Entspannung und Leistung" als hundert Fachbücher mit ausgefeilten Studien. Wenn Sie noch wenig oder keine Erfahrung mit Entspannungstechniken haben, werden Sie vielleicht ähnlich denken wie die meisten leistungsorientierten Menschen in unserer Gesellschaft. Doch aus wissenschaftlicher Sicht ist die Trennung von Leistung und Entspannung von ihrer Auswirkung auf unser Leben her fataler als der mittelalterliche Glaube, die Erde sei eine Scheibe. Wenn Sie mir das nicht abnehmen, dann möchte ich Ihnen ein kleines Experiment empfehlen: Besuchen Sie eine Vorführung der Shaolin Mönche. Sie sind bekannt als Meister der Selbstbeherrschung. Von Kindheit an werden Shaolin Mönche in den alten chinesischen Kampf- und Meditationskünsten trainiert. Die ausgeklügelte Kombination von Entspannung und Leistung macht sie nicht nur zu einzigartigen Kämpfern. Ein Shaolin Mönch kann beispielsweise ohne „Kraftanstrengung" durch innere Sammlung und Disziplin eine Mauer mit der bloßen Hand durchstoßen.

! ***Nachhaltige Leistungen und Erfolge sind ohne ausgleichende Entspannung nicht möglich.***

Es nützt nichts, im Arbeitsalltag 120 Prozent Leistung zu bringen und die Erholungsphase auf den Urlaub zu legen. Auch das Wochenende ist für Körper und Geist perspektivisch schon zu weit weg. Der ursprüngliche natürliche Rhythmus zwischen Ruhe und Aktivität ist auch nicht, wie viele meinen, auf den Tag-Nacht-Zyklus beschränkt. Dass ein Großteil der Menschen nach 14 Stunden Turbo am Abend nicht einfach auf Erholung und Ruhe umschalten kann, zeigt sich am Schlaftabletten-Konsum. Neben Schmerzmitteln und Stimmungsaufhellern zählen Schlaftabletten und Beruhigungsmittel zu den am häufigsten verschriebenen Arzneien in Deutschland.

Kürzlich sah ich einen Fernsehreport über Shanghai. Die südchinesische Metropole gilt als Boomtown Südostasiens und läuft selbst

Hong Kong und Singapur den Rang als führende Wirtschaftsmetropole Asiens ab. Trotz der Hektik, die diese Stadt mit anderen vergleichbaren Mega-Cities gemeinsam hat, leben die Menschen dort nach einem anderen Rhythmus. In China spielt bei der Gestaltung des funktionalen Alltags die Lebensenergie des Menschen, das „Chi" eine wichtige Rolle. In der traditionellen chinesischen Medizin versucht man, anders als in der europäischen Medizin, Körper, Geist und Seele als Einheit zu betrachten. Die funktionalen Systeme des Menschen werden aus chinesischer Sicht durch die „Chi-Energie" in Balance gehalten. Vorausgesetzt, das Chi wird regelmäßig stimuliert. Die bekannteste Art, diese Energie zu beeinflussen, ist die Akupunktur. Sie wird bei uns im Westen seit vielen Jahren in der Schmerztherapie eingesetzt und von den meisten Krankenkassen akzeptiert. Weniger bekannt ist ein anderer Aspekt der traditionellen chinesischen Medizin (TCM): das Tai-Chi. Ursprünglich entstanden diese sanften, fließenden Körperbewegungen aus der Kampfkunst des Schattenboxens. Heute bilden sie einen festen Bestandteil der präventiven Maßnahmen in der chinesischen Medizin. In Shanghai wie in vielen anderen Städten Chinas gehört es zum Stadtbild, Menschen jeden Alters in den Parks und Gärten mit den anmutigen Bewegungen des Tai-Chi zu beobachten. Während man bei uns eine Zigaretten- oder Kaffeepause zur Erholung sucht, bauen die Chinesen ihre Leistungsfähigkeit durch Energiefitness wieder auf. Generell lässt sich sagen, dass die asiatischen Hochkulturen im Alltag ähnlich wie die Griechen und Römer der Antike auf eine Balance zwischen Ruhe und Aktivität achten und einen Ausgleich zwischen der Anspannung während der Leistung und der Entspannung in der Ruhephase suchen. Wenn dieser Rhythmus zum Wesen, zur Natur des Menschen gehört, woran liegt es dann, dass unsere westliche Industriegesellschaft dieses Prinzip aus den Augen verloren zu haben scheint?

Die Überbetonung von linkshemisphärischem Denken und Arbeiten erzeugt enormen Stress. !

Ich erwähnte bereits, dass konzentriertes Arbeiten am Computer oder an einer Maschine die linke Hirnhälfte und das lineare logische Denken verstärkt – während kreative, musische Beschäftigungen ähnlich wie Entspannung die rechte, kreative Hirnhälfte stärker anregen. Das Gehirn und seine Nervenzellen verarbeiten permanent eine Vielzahl an Nervenimpulsen. Diese Nervenaktivitäten sind sowohl chemischer als auch bioelektrischer Natur. Zur Weiterleitung von Nervenimpulsen arbeitet das Gehirn mit so genannten Neurotransmittern. Es gibt über 60 verschiedene dieser Botenstoffe, die je nach Aufgabe und Funktion über die Nervenbahnen jeden Winkel des Gehirns erreichen können. So, wie Sie über die Eingabe einer E-Mail-Adresse oder einer URL an Ihrem Computer mit anderen „Computer-Zellen" kommunizieren können, werden über bestimmte Botenstoffe vom Gehirn Daten übermittelt. Im Körper werden die Botenstoffe zu Hormonen, die man mit Downloads oder Dateianhängen vergleichen kann, die beim Empfänger unterschiedlichste Aktivitäten auslösen. Durch dieses gigantische biochemische Kommunikationsnetz steuert das Gehirn sich selbst und alle wichtigen Körperfunktionen.

Aus diesen unzähligen Nervenimpulsen entstehen übergeordnete Muster innerhalb der Gehirnaktivitäten, die auch den Körper beeinflussen. Diese Muster lassen sich durch verschiedene Verfahren messen. Das bekannteste ist das Elektroenzephalogramm (EEG), das die Hirnströme in Form von Frequenzmustern aufzeichnet. Passend zu dem Dominanzmodell der beiden Hirnhälften lassen sich rechter und linker Hirnhemisphäre bestimmte Frequenzen zuordnen. Den Frequenzbändern, die in vier Hauptkategorien eingeteilt sind, lassen sich analog bestimmte Hirnfunktionen zuordnen.

1. Beta (über 14 Hz) linke Hirnhälfte, logisches Denken im Wachzustand, Konzentration; hohe Betafrequenzen bei Stress führen zu vegetativen Dysfunktionen

2. Alpha (7-14 Hz) rechte Hirnhälfte, bildhaft-assoziatives Denken, Entspannung, Einschlafphase, Tagtraum, Rhythmische Bewegung, Tanz

3. Theta (4-7 Hz) tiefere Schichten des Cortex, Schlaf, Traum, REM-Phasen

4. Delta (unter 4 Hz) tiefere Schichten des Cortex, Tiefschlaf, traumlos, tiefe Regeneration, Bewusstlosigkeit, Trance im Yoga

Dieses Frequenz-Modell hat sich in der motivationspsychologischen Literatur weltweit durchgesetzt. Es hilft uns zu verstehen, wie und warum bestimmte Gehirnzentren durch ihre Frequenzbänder auf unser Erleben und Befinden Einfluss nehmen können. Moderne Selbstmanagment-Techniken machen es heute auch möglich, relativ leicht und sicher die Hirnströme zu beeinflussen. Das Gleiche gilt mit Einschränkung auch für klassische Entspannungstechniken wie Autogenes Training oder Yoga. Hier sollte man aber etwas Vorlauf mit einkalkulieren, um verlässliche Ergebnisse zu erzielen. Generell gilt:

Wer Selbstmanagement-Techniken erfolgreich einsetzen möchte, sollte die unterschiedlichen Frequenzbänder nicht nur kennen, sondern sie durch Selbstregulationstechniken auch stimulieren können. !

Was in der Musik die Tonarten, sind im Erfolgstraining die Hirnfrequenzen. Jede Stimmung hat ihre Tonart und umgekehrt. Das für uns entscheidende Frequenzband ist die Alphafrequenz (7–14 Hz). Sie gilt in der modernen Motivationspsychologie als Universalschlüssel zur Steuerung von Erfolgsdenken und innerem Wohlbefinden.

Warum das so ist, werden wir gleich etwas näher beleuchten. Zuvor möchte ich Sie jedoch einladen, eine kleine Relax-Pause einzulegen. Hierzu müssen Sie nichts weiter tun, als einen Stereokopfhörer aufzusetzen, sich bequem hinzusetzen oder zu legen und die Musik auf der Begleit-CD anzuhören. Nehmen Sie sich für den Anfang bitte mindestens zehn Minuten Zeit für diese Übung. In der Musik befinden sich Klangfrequenzen, die die natürlichen Gehirnfrequenzen nachahmen. Diese Technik findet seit vielen Jahren eine sehr breite Anwendung in der Psychoakustik. Klangfrequenzen dienen der Entspannung und Fokussierung. Die Musik beginnt mit einer mittleren Betafrequenz und fällt dann in den ersten Minuten sanft ab auf eine mittlere Alphafrequenz von ca. 10 Hz. Die Absenkung der Frequenz ist vergleichbar mit dem Prozess, der beginnt, wenn Sie sich zum Schlafen legen und die Augen schließen. Das Schließen der Augen senkt innerhalb von wenigen Minuten als natürliche Reaktion die Hirnfrequenz ab. Sie spüren das an den aufkommenden Traumbildern und an einer stärker gefühlsbetonten Rückschau auf den vergangenen Tag. Sind Ihre Gedenken mit Problemen oder Unerledigtem belastet, wird dieser Prozess gebremst und kann sich dadurch verlängern oder gar ganz aussetzen.

Egal, was Sie im Einzelnen erleben, Sie werden beim Hören der Musik eine wichtige Erfahrung mit Ihren unterschiedlichen zerebralen Tonarten machen. Und Sie werden eine ganz neue angenehm leichte Art der Entspannungstechnik kennen lernen. Eine gute Idee ist es, sich in einem Notizbuch ein paar Stichpunkte nach der Übung zu notieren, dies gilt insbesondere, wenn Sie bisher noch nicht mit Entspannungstechniken gearbeitet haben.

Ihrem Gehirn ist es nicht so wichtig, durch welche Methode Sie sich entspannen. Die biochemische und bioelektrische Reaktion bleibt im Grunde bei jeder Entspannungstechnik gleich. Sinkt das EEG auf einen Schwellenwert im Alphabereich ab, werden automatisch Endorphine ausgeschüttet, die ein wohliges Gefühl im ganzen Körper erzeugen. Endorphine zählen zu den so genannten Neurotransmittern. Das Besondere an diesen chemischen Alleskönnern ist, dass sie sehr rasch die komplexesten Reaktionen auslösen.

Endorphine sind in ihrer chemischen Struktur verwandt mit den Opiaten. Sie werden deshalb auch gerne als körpereigene Drogen bezeichnet. Bekannt wurden Endorphine durch das Jogging. Die Dauerbelastung beim Laufen löst nach einer gewissen Zeit eine vermehrte Endorphinausschüttung aus. Der Läufer spürt trotz der körperlichen Belastung ein Gefühl von Leichtigkeit. Der englische Begriff „Flow" (Fluss) beschreibt dieses Gefühl am treffendsten. Im Flow scheint uns alles ganz leicht und wie von selbst von der Hand zu gehen. Die Endorphine können sogar Schmerzen ausschalten. So gibt es immer wieder Berichte von verletzten Sportlern, die unter der Wirkung des eigenen biochemischen „Doping" trotz Knochenbruch und Verrenkung ohne Schmerzempfinden bis ins Ziel liefen. Denn der Schmerz wird erst dann spürbar, wenn der Endorphinspiegel nach dem Wettkampf wieder absinkt.

Neurotransmitter können auf vielfältige Weise aufgebaut werden. Sie werden in den Hormondrüsen gebildet. Außerhalb des Gehirns bezeichnet man die Neurotransmitter auch als Hormone. Neben körperlichen Aktivitäten ist vor allem auch die Ernährung ein wichtiger Katalysator für den Stoffwechsel des Gehirns. Beispielsweise kann der Verzehr von Schokolade ebenfalls die Endorphinproduktion anregen. In ausreichender Menge wirkt Kakao so stark auf den Endorphinhaushalt, dass er regelrechte Glücksgefühle auslösen kann. Wegen der Kalorien ist es wohl auf Dauer doch ratsamer, Sport zu treiben oder sich zu entspannen, um einen Endorphin-Kick zu erzeugen.

Nehmen wir einmal an, Sie haben es geschafft, sich täglich eine persönliche Auszeit, einen „Boxenstopp" zu gönnen, den Sie fest in Ihrem Alltag verankert haben. Was ändert sich dadurch für Sie? Ist es nicht doch einfach nur verlorene Zeit, in der man ins Hintertreffen gerät, während andere den „Deal" machen?

Neben dem Tag-Nacht-Rhythmus gibt es noch kürzere Biozyklen, die unsere Leistungskurve beeinflussen. Vereinfacht ausgedrückt haben wir auch tagsüber natürliche Leistungsschwankungen. Vormittags ist der Energiepegel relativ hoch, sinkt dann über Mittag ab, um dann nochmals am Nachmittag ein „High“ zu erreichen. Auch wenn diese Einteilung individuell variiert, unterliegen wir alle diesen natürlichen Rhythmen und den entsprechenden Leistungsschwankungen. Zeitmanagement-Experten raten deshalb, nach der Mittagspause nicht gleich wieder den Turbogang einzulegen, sondern das natürliche Leistungstief am frühen Nachmittag für gezielte Relax-Erlebnisse zu nutzen.

Sportwissenschaftler fanden heraus, dass gezielte Entspannungs- und Regenerationsphasen nach intensivem Training und Wettkampf den Stoffwechsel von Sportlern positiv beeinflussen. Bei Reihenuntersuchungen zeigte sich nicht nur eine raschere Regeneration. Die Leistungskurve wurde insgesamt verbessert, da auch während der Höchstleistung in Wettkampf und Training Herzfrequenz und Sauerstoffverbrauch reduziert wurden. Für unseren Alltag bedeutet das im Klartext: Den „Big Deal“ machen nicht die Workaholics, sondern diejenigen, die sich gezielt in ihrem Tagesverlauf eine qualitativ hochwertige, bewusste Auszeit gönnen.

Leider stoßen wir in der Arbeitswelt auf ein weitere Endorphinbremse: das Spaßverbot. Stellen Sie sich vor, Sie würden einen Werbefilm drehen, der Sie und Ihre Kollegen bei ganz alltäglichen Arbeitssituationen zeigt. Wie in Werbefilmen üblich, sind alle gut gelaunt und mit vollem Engagement bei der Sache. Es herrscht eine ausgelassene, fröhliche Grundstimmung, die ansteckend wirkt ... Sie können anhand der alltäglichen Wirklichkeit selbst entscheiden, wie weit dieser Werbespot von Ihrem tatsächlichen Betriebsklima abweicht. Ein wenig Statistik hierzu: Über 80 Prozent der Deutschen sind am Arbeitsplatz gleichgültig. Man braucht nicht viel Fantasie, um sich auszumalen, was Gleichgültigkeit für die Stimmung bedeutet. Diese Zahlen werden vom renommierten Gallup Institut jährlich aktualisiert. Tendenz: steigend.

Faszinierend, dass wir trotz dieser Spaßbremse am Arbeitsplatz Weltmeister geworden sind, zumindest was die Exportwirtschaft betrifft. Was könnte in unserem Land geschehen, wenn wir alle täglich eine halbe Stunde weniger arbeiten würden und diese „verlorene Zeit“ in eine intensive Relax-Phase investieren würden? Die Firmenchefs und Konzernmanager befürchten sicher Chaos und Produktivitätsrückgang. Untersuchungen belegen jedoch das genaue Gegenteil. Wir würden uns allmählich daran gewöhnen, dass Leistung allein auf Dauer nicht viel Substanz hat, wenn Spaß und Entspannung fehlen. Würde das Spaßverbot aufgehoben, würden innerhalb kürzester Zeit die Mundwinkel und Stimmungsbarometer eine spürbare Aufwärtstendenz erleben. Vielleicht würden sich manche an das deutsche „Sommermärchen“ erinnern, als während der Fußball WM 2006 „Spaß“ ausnahmsweise Bestandteil unseres Alltags war. Und wenn der Funke überspringt, könnte diese „Work-Life-Balance, wie Experten diesen Zustand nennen, vielleicht zum Teil unserer Kultur werden.

Eine bewusste Balance zwischen Ruhe und Aktivität ist kein weltfremder Luxus, wie die meisten von uns immer noch glauben. Es ist im Gegenteil eine wesentlich ökonomischere und effizientere Art, erfolgreich zu sein. Im internationalen Spitzensport wird das schon heute recht deutlich: Nur wer mental fit ist, kommt nach oben und bleibt an der Spitze. Und mental fit sein bedeutet, sich nach jeder Spitzenleistung intensiv zu entspannen und Höchstleistung mit Begeisterung zu kombinieren.

Der boomende Wellness-Trend in der Touristik- und Freizeitindustrie ist ein Ausdruck der wachsenden Sehnsucht des Menschen nach Ausgleich. Dass wir die schönste Zeit unseres Lebens nicht auf wenige Wochen im Jahr beschränken müssen, zeigt die Firma Robinson. Einer der größten Anbieter von Wellness-Ferien-Clubs betreibt seit einigen Jahren erfolgreich eine heimische Variante seines Wohlfühlkonzepts mit den Robinson Wellfit Fitness- und Wellness-Clubs in ganz Deutschland. Der nächste Schritt zu einer ganzheitlichen Erfolgs- und Wohlfühlkultur ist die Idee der Relax-Lounge im Unternehmen. Entspannungs- und Wohlfühloasen waren früher nur in Wellness-Hotels oder exklusiven Businesslounges großer Airlines zu finden. Clevere Marketingexperten haben es in den vergangenen Jahren dennoch geschafft, diesen Markt auch in die Unternehmen zu tragen. Mein Unternehmen arbeitet seit Jahren auf Fachmessen und Kongressen mit einem offenen Loungekonzept. Diese Vitality World ist bewusst so gestaltet, dass sie sich voll in die funktionalen Abläufe der Veranstaltungen integriert. Um Hemmschwellen bei den Teilenehmern abzubauen, ist die Vitality World im vorderen Bereich in eine Meeting Zone mit einer Tee- und Espressobar und im hinteren Bereich in eine Relax-Zone mit Massagesesseln unterteilt.

Es ist sicher nicht leicht, das Leistungsprinzip, das für unsere Industriegesellschaft prägend war, über Nacht zu ändern. Mit etwas Geduld und Beharrlichkeit ist aber mehr möglich, als man denkt. Ganz gut zeigt sich das Umdenken bereits in der Gestaltung privater

Wohnräume. Während vor zehn Jahren kaum jemand etwas mit dem Begriff „Feng Shui“ anfangen konnte, melden sich heute in meinen Workshops über 90 Prozent bei der Frage: „Wer weiß, was Feng Shui ist?“ Dabei ist es unerheblich, ob Sie Feng Shui für Hokuspokus halten oder fest darauf schwören. Entscheidend ist die Tatsache, dass wir heute beim Konzipieren und Gestalten unserer Wohnwelt einen neuen Leitgedanken integriert haben: *Wohlfühlen durch Energiebalance.* Von hier sollte der Schritt in die Arbeitswelt relativ klein sein. Denn warum sollten wir im Büro, Geschäft oder der Werkstatt auf Freude und Wohlgefühl verzichten, wenn es doch unseren Erfolg beflügelt?

Adrenaline oder:
Warum Stress kein Kavaliersdelikt ist

Die renommierte Bertelsmann Stiftung veröffentlichte zur Jahrtausendwende gemeinsam mit der Hans-Böckler-Stiftung eine umfassende Studie zum Thema Stress und Überlastung am Arbeitsplatz. Steigender Druck am Arbeitsplatz führe, so die Studie, zu einer Zunahme chronischer und psychosomatischer Erkrankungen. Jeder zweite leide immer oder häufig unter starkem Termin- und Leistungsdruck.

Liz Mohn, Beiratsmitglied der Bertelsmann Stiftung: „Der Handlungsbedarf ist groß. Bei einer repräsentativen Befragung gab fast die Hälfte an, dass Stress und Arbeitsdruck zugenommen haben.“ Gleichzeitig sei ermittelt worden, dass zwei Drittel der Befragten einen klaren Zusammenhang zwischen gesundheitlichen Beschwerden und den Arbeitsbedingungen sehen. Dadurch würden sich neue Aufgaben für den Arbeitsschutz ergeben und auch für die Führung von Unternehmen. Liz Mohn: „Wichtig ist vor allem eine partnerschaftliche Unternehmenskultur – motivierte Mitarbeiter sind seltener krank.“ (www.bertelsmann-stiftung.de)

Kaum ein Thema wird trotz aller wissenschaftlicher Erkenntnisse so oberflächlich diskutiert und von den Betroffenen so stark bagatellisiert wie der Stress. Obwohl jedes Jahr neue alarmierende Stressstudien veröffentlicht werden, scheint die einzige flächendeckende Antistress-Maßnahme die „innere Kündigung“, der Rückzug zu sein. Für Personalentwickler und Trainer kommt das einem Armutszeugnis gleich. Denn es zeigt trotz aller Fortschritte und Erkenntnisse im Einzelnen, dass wir uns noch viel stärker bemühen müssen, den Führungskräften und Verantwortlichen in den Unternehmen und Organisationen erstrebenswerte Alternativen hin zu einer ganzheitlichen Unternehmenskultur anzubieten.

Was macht Stress zu einem so komplexen Problem, dass wir es scheinbar nicht in den Griff bekommen? Lassen Sie mich zur Beantwortung dieser Frage ein wenig ausholen.

Vielleicht können Sie sich noch erinnern, als Sie Ihre erste E-Mail geschrieben und versendet haben. Ich benötigte etwa zwei Jahre, um zu verstehen, dass ein Internetzugang und ein E-Mail-Account ganz einfach zu haben und zu nutzen sind. Erst die AOL-Werbung Anfang des 21. Jahrhunderts brachte es auf den Punkt, als Boris Becker mit einem leichten Grinsen fragte: „Und, bin ich schon drin?" Sicher hatten Sie eine kürzere Anlaufzeit als ich. Und heute ist die E-Mail eines der wichtigsten Kommunikationsmittel des digitalen Zeitalters. Was haben also E-Mails mit Stress zu tun? Nun Veränderungen, die wir noch nicht im Detail überschauen können, flößen uns meist Angst ein. Wenn neue Gewohnheiten, neues Wissen und neue Technologien von uns Veränderungen abverlangen, setzt das unsere Routine gewaltig unter Druck. Wir sind deshalb versucht, viele Dinge, die wir prinzipiell als richtig erkannt haben, in die Zukunft zu schieben. Sie erinnern sich an den Inneren Schweinehund im letzten Kapitel? 99 Prozent unserer biologischen Hardware widersetzt sich vehement und konsequent Veränderungen, egal wie gut sie gemeint sind.

In diesem Kapitel versuchen wir, die verschiedenen Aspekte der Erfolgstechniken aus der Perspektive der Gehirnforschung zu betrachten. Stress ist, wenn Sie so wollen, eine negative Erfolgstechnik oder anders ausgedrückt: Stress ist ein Erfolgs*killer*. Wenn wir unseren Stress nicht in den Griff bekommen, ist ein erfolgreiches Leben nur sehr schwer möglich. Denn Stress nagt energisch an unseren Systemressourcen. Ich möchte Ihnen deshalb eine kurze Einführung in das Stressphänomen aus Sicht Ihres Gehirns geben.

Der Begriff „Stress" ist zunächst völlig neutral. Er bedeutet nichts weiter, als dass sich Ihr Gehirn auf eine Veränderung einstellen muss. Stellen Sie sich vor, Sie fliegen an Silvester in den Süden. Beim Einsteigen in den Flieger sind Sie in einen dicken Wintermantel gehüllt, die heimischen Temperaturen liegen um den Gefrierpunkt. Nach wenigen Stunden verlassen Sie das Flugzeug wieder. Den Mantel müssen Sie nun über den Arm die Gangway hinunter tragen und dennoch kommen Sie heftig ins Schwitzen. Ihr Körper muss sich an das subtropische Klima im sonnigen Süden erst gewöhnen. Diesen Anpassungsprozess Ihres Kreislaufs bezeichnet man als Akklimatisierung. Kleine Temperaturänderungen kann der Körper relativ rasch in wenigen Minuten kompensieren, größere dauern in der Regel mehrere Tage. Diese Anpassungsreaktionen werden in der Forschung als Stress bezeichnet. Sie gehören jedoch zum ganz normalen Repertoire unseres Nervensystems. Vereinfacht ausgedrückt ist Stress eine Anstrengung, die wir unternehmen, um uns an eine Veränderung anzupassen. Stress verbraucht also in jedem Fall Energie. Nach jeder Anstrengung fordert die Natur eine Ruhephase, in der Energie wieder aufgebaut wird. Danach sind wir bereit für die nächste Anstrengung. Im winterlichen Strandurlaub können wir diese Ruhephase natürlich voll und ganz ausleben. Problematisch ist dagegen die Rückkehr. Nicht selten sucht uns nach der Tropensonne zu Hause eine heftige Erkältung heim. Dies ist dann eine sehr starke Stressreaktion. Der Anpassungsdruck war zu hoch, das System kollabiert. Der Körper schafft sich eine Zwangspause.

Kommen häufige Stressphasen ohne die dazugehörigen Erholungsphasen zusammen, sprechen wir von Dauerstresss. Ich erwähnte es oben, unser Berufsalltag ist von diesem ermüdenden Dauerstress geprägt. Leistungssportler, die ständig von einem Turnier zum nächsten hetzen, sind besonders hart betroffen. Wer heute in Dubai und morgen in Hamburg Höchstleistung bringen muss, setzt sich mental und körperlich unter einen enormen Dauerstress.

Interessant für uns ist in diesem Zusammenhang, wie das Gehirn die Stressreaktion organisiert. Sicher ahnen Sie es bereits, auch hierfür gibt es spezielle Neurotransmitter, die so genannten Adrenaline. Adrenaline sind die Gegenspieler der Endorphine. Sie sind die Botenstoffe der Stressreaktion und bereiten unseren Körper durch heftige Reaktionen auf den „Flucht-Kampf-Mechanismus" vor. Blutdruck und Herzfrequenz schnellen in der Gefahr blitzartig hoch, und die gesamte Wahrnehmung verengt sich auf automatisch ablaufende Programme unseres Reptilienhirns. Dumm an dieser Stressreaktion ist nur, dass die modernen Stress auslösenden Gefahrenquellen eigentlich ganz andere Strategien von uns fordern. Wie die Fliege, die vergeblich durch die Fensterscheibe zu fliegen versucht, bringt unsere steinzeitliche Stressreaktion unser System auf 180 und verheizt dabei völlig sinnlos unsere Energie.

Menschen, deren Stoffwechsel durch Stress geprägt ist, haben einen so hohen Adrenalinspiegel, dass ihr Körper ständig in Anspannung ist. Sie verharren bildlich gesehen in einer Angriffshaltung. Hinzu kommt, dass die Stressreaktion nicht nur von realen Situationen ausgelöst wird, sondern auch von eingebildeten. Die Stressreaktion macht hier leider keinen Unterschied. Allein die Angst vor einer Situation kann durch die Vorstellung zu versagen genügend Adrenaline produzieren, dass Sie tatsächlich mit Pauken und Trompeten untergehen. Diese Form von Stress trifft häufig Schauspieler und andere darstellende Künstler, aber auch Referenten, die vor einem großen Publikum sprechen sollen, wenn sie vorher nur kleine Seminare gewohnt waren. Lampenfieber ist eine der stärksten eingebildeten Stressreaktionen überhaupt. Und sie zeigt auch sehr deutlich die Folgen der stressbedingten Anspannung. Denn um die Kampf-Flucht-Reaktion schnell und effektiv zu machen, zieht das biologische Stressprogramm möglichst viel Energie aus dem Denkhirn in den hinteren Bereich des Gehirns. Statt Alternativen abzuwägen, bleiben uns unter Stress nur zwei Reaktionsmuster, eben die erwähnten Kampf- oder Fluchtmuster.

Unter Stress gehen demnach auch erlernte Verhaltensmuster verloren. Dies zeigt sich sehr deutlich bei Leistungssportlern. Während des Trainings lief alles perfekt. Kaum dass der Wettkampf beginnt, würgen die Adrenaline den Zugang zu den im Training erlernten Techniken und Taktiken ab. Sportler, die auch unter hohem Druck, ihren Hormonspiegel im Griff haben, sind zwar immer noch die Ausnahme. Diesen „mentalen Athleten“ gehört jedoch die Zukunft. Womit wir wieder beim mentalen Aspekt der Stressreaktion angelangt wären. Adrenaline und Endorphine sind über die Empfindungen der Angst und der Freude einem permanenten Wechselspiel in uns ausgesetzt. Seit Millionen von Jahren pendelt die mentale Allchemie in uns und treibt den Menschen von einem Extrem ins andere. Nur wenn wir in der Summe ein Gleichgewicht erreichen und die äußeren Extreme des Pendels nicht über Gebühr ausreizen, haben wir eine Chance, diese automatischen Abläufe in uns zu steuern und zu nutzen.

Motivationspsychologen sprechen hier von der „motivatorischen Zange“, von „pain and pleasure“. Erst wenn diese Zange greift, setzen wir uns in Bewegung. Hinter diesem Prinzip steckt die Vorstellung, dass der Leidensdruck einer unangenehmen Situation erst einen gewissen Schwellenwert erreicht haben muss, bevor wir bereit sind, unsere Position zu ändern. Um den Antrieb perfekt zu machen, fehlt nun noch die berühmte Mohrrübe vor dem Maul, die den Esel in Bewegung setzt. Im übertragenen Sinne steht die Möhre für die Belohnung, das angestrebte oder ersehnte Ergebnis, das zumindest für unsere Sinne zum Greifen nah sein muss, damit es motiviert.

Vielleicht fragen Sie sich, ob es überhaupt möglich ist, mentale Prozesse zu lenken, wenn das Gehirn des Menschen so stark von chemischen Reaktionen gesteuert wird, die wir kaum beeinflussen können. Diese Frage ist mehr als berechtigt. Direkt in eine Stressreaktion einzugreifen hieße, sich einer Lawine in den Weg zu stellen. Ältere Erfolgssysteme, die primär über Glaubenssysteme operieren, scheitern in der Realität an diesen biologischen Tatsachen. Ein gutes Beispiel ist das „Positive Denken", das zum Kern der meisten klassischen Erfolgssysteme gehört. Positives Denken suggeriert uns, dass wir allein über einen kognitiven mentalen Perspektivenwechsel zu anderen Reaktionen und Ergebnissen kommen. Ganz ehrlich, die Adrenaline können über diese Vorstellung nur lachen – selbst wenn Sie es schaffen, einer für Sie im Grunde negativen Situation ein paar positive Aspekte abzugewinnen. Sie bewegen sich mit dem Denken in der biologischen Neuzeit. Genau so gut könnten Sie Ihren Hund durch positives Denken davon abbringen, den Postboten anzukläffen. Denn die Stressreaktion ist ein so elementares biologisches Survivalprogramm, dass sich daran schon so mancher Erfolgstrainer die Zähne ausgebissen hat.

Natürlich möchte ich Sie nicht ganz entmutigen. Aber wenn Sie wirklich Einfluss auf Ihr Reptilienhirn nehmen wollen, müssen wir schon mit anderen Kalibern feuern. Und hier zählt nicht der „Kampf gegen die Triebe", sondern das Einschwingen in den natürlichen Rhythmus der inneren Abläufe, also Timing und Voraussicht. Natürlich können Sie sich in der Mittagszeit mit positiven Gedanken anspornen. Ihren natürlichen Rhythmus, der jetzt nach Siesta ruft und die dazugehörigen Botenstoffe ausschüttet, bringen Sie damit jedoch gewaltig durcheinander. Besser, Sie geben nach und schwingen sich erst dann wieder hoch, wenn der Körper grünes Licht gibt.

Ich weiß, dass Sie mir diesem nett gemeinten Vorschlag Ihren engen Terminkalender entgegenhalten. Natürlich reicht es nicht hin, ein paar Termine zu canceln und ab und zu längere Mittagspausen einzulegen. Wir sprechen deshalb ja auch von Stress-Management und „Work-Life-Balance". Was nichts anderes heißt, als dass wir unsere Gewohnheiten und Routinen systematisch durchforsten und planvoll umorganisieren müssen, wenn wir damit Erfolg haben wollen. Ich gestehe freimütig, ich habe drei Jahre auf der Gewohnheitsebene diese Erkenntnisse sabotiert. Ich „liebte" es heiß und innig, bis spät in die Nacht am PC zu sitzen und Konzepte und E-Mails zu schreiben. Erst eine intensive Zusammenarbeit mit Lothar Seiwert überzeugte mich vom Life-Balance-Konzept, und ich begann im Zuge eines gemeinsamen Audio-Projektes, meine Gewohnheiten nach und nach an das neue Paradigma anzupassen. Meine persönliche Antistress-Empfehlung ist:

! ***Geben Sie nicht immer Ihr Bestes. Perfektionismus ist eine brutaler Stressor, der Sie immens unter Druck setzt.***

Ich weiß, damit widerspreche ich dem gängigen „Erfolgs-Gesetz", dass nur der die Nase vorn hat, der die Extrameile geht. Vielleicht kennen Sie die alte Fabel vom Hasen und dem Igel. Der Hase rannte sich beim Wettlauf zu Tode. Er hatte nicht bemerkt, dass der Igel nicht alleine war. Wenden Sie das Igel-Prinzip „Ich bin schon da!" auf Ihr Stress- und Erfolgsmanagement an. Der zweite Igel ist Ihre kreative, schöpferische rechte Gehirnhälfte. Wenn Sie sich mit diesem Alter Ego auf einen Wettkampf einlassen, verspreche ich Ihnen, dass Sie in neun von zehn Fällen dem Hasen davonlaufen werden, ohne sich zu verausgaben.

Gehirnjoggen – Auch die Seele braucht Training

Früher haben die Asiaten uns kopiert, heute scheint es, dass wir sie in Vielem nachahmen. Die Beatles waren die ersten populären Hippies, die sich ganz offiziell einen indischen Guru leisteten. Dann kam der Yoga- und Esoterik-Boom in den 1970ern. Asiatische Kampfsportschulen schossen wie Pilze aus dem Boden und erhielten ungeahnten Zulauf. In den Managementetagen europäischer Unternehmen galt es in den 1980ern als chic, mit einem japanischen Zen-Meister die innere Einkehr zu suchen oder mit Kaizen, der japanischen Version des Change Management, alte Strukturen aufzubrechen. Mit der Öffnung Chinas kamen dem Yoga verwandte Trainingsformen wie Tai-Chi und Qui Gong in die Volkshochschulen und wurden Teil unseres Fitnessprogramms.

Wenn man jedoch genau hinschaut, ist das Eigentliche, Wesentliche der asiatischen Kultur noch nicht bei uns angekommen. Balance,

Ausgleich, ein Gespür für den Rhythmus der Energie des Lebens, all das fehlt uns wohl immer noch im Alltag. Fieberhaft versuchen unsere Marketingexperten, den asiatischen Lebensstil zurechtzubiegen und anzupassen an unsere „Speed-Gesellschaft". Von Power-Yoga bis zur Wellness-Marmelade bis hin zur Instant Meditation. Die international renommierte Tai-Chi-Ausbilderin und chinesische Ärztin Lin Yao, die seit vielen Jahren in München lebt und praktiziert, meint dazu: „Tai-Chi ist ein gutes Beispiel für die unterschiedliche Vorstellung zwischen dem traditionellen chinesischem Gesundheitswesen und der europäischen Medizin. Die Übungen des Tai-Chi sind Teil der Behandlung und Vorbeugung in China. Kommt ein Patient mit einem akuten Problem zum Arzt, erhält er nicht einfach nur Medikamente, sondern konkrete Mitwirkungsmöglichkeiten, um seine Gesundheit nicht nur wiederherzustellen. Mit Tai-Chi kann der Patient auch langfristig seine Gesundheit und Vitalität erhalten." Was für eine Vorstellung! Sie gehen zum Arzt, und nach der Diagnose erhebt er sich und bittet Sie, ein paar Gymnastikübungen mit ihm machen.

Dabei lässt sich der Nutzen von Bewegung so einfach darstellen. Unser Körper ist ja schon per definitionem ein „Bewegungsapparat". Gleiches gilt auch für das Gehirn, das ja unsere Bewegungen plant und koordiniert. So, wie die Muskulatur erschlafft, wenn wir sie nicht nutzen, erschlaffen auch die geistigen Funktionen, wenn wir sie nicht regelmäßig trainieren.

Gehirn-Joggen ist ein Kunstbegriff. Das Joggen entwickelte sich in den vergangenen drei Jahrzehnten zu einer sehr populären Ausdauersportart. Das deutsche Wort „Dauerlauf", das sicher jeder aus dem Schulsport kennt, hatte wohl nie die Chance, so viel Begeisterung als Volkssport hervorzurufen wie das Jogging. Gleiches gilt übrigens für das „Nordic Walking", das schnelle Gehen mit Stöcken. Im Grunde nichts anderes als „beschleunigtes Wandern mit Hüftschwung und Hi-Tec-Gehhilfe.

Sportwissenschaftler entdeckten Mitte der 1990er, dass weniger als die Hälfte der Sportler für die Sportpsychologie zu begeistern waren. Tatsächlich waren die Zahlen sogar rückläufig im Vergleich zu den 1980er Jahren. Woran lag das? Eine umfassende Studie des renommierten deutschen Sportwissenschaftlers Prof. Dr. Hartmut Gabler vom Institut für Sportwissenschaften der Universität Tübingen von 1994 brachte Licht in das dunkle Seelenleben des deutschen Profisports. Ein Großteil der Trainer und Sportler in Deutschland wurde von der naiven Vorstellung geleitet, dass „Psychologie“ nur für Menschen mit psychischen Problemen sinnvoll sei. Auf dem „Sofa“ würde man wohl kaum Leistungszuwächse bewerkstelligen können. Die Studie schlug deshalb vor, den von Vorurteilen geprägten Begriff „Psychologie“ durch weniger negativ besetzte Begriffe wie „Mentaltraining“ oder „Kognitionstraining“ zu ersetzen. Die deutsche Volksseele hatte Glück. Gleich nach dem akademischen Umdenkprozess halfen Boris Becker und Steffi Graf das „Mentale“ fest in unser Gedankengut einzuprägen. Und es ist kein Tabu mehr, öffentlich von einem „mentalen Hänger“ zu sprechen. Welcher Sportler hätte früher zugegeben, „psychisch nicht gut drauf“ gewesen zu sein, wenn er nicht gewonnen hatte.

Fazit: Wir müssen den Dingen einen gut klingenden Namen geben, der positive Assoziationen weckt. Egal, ob es sich um innere Widerstände, Dauerlauf oder Psychologie handelt, mit einer positiven mentalen Einstellung durch Hi-Tec-Motivation lässt sich selbst der innere Schweinehund aus der Komfortzone locken und beim Jogging eine gehörige Portion „Flow“ erleben. Spüren Sie den Unterschied? Gehirnjoggen ist also ein Placebo, eine Glückspille, die uns heiter stimmt. Oder würden sie lieber ein Gedächtnistraining oder eine kognitive Bewegungstherapie durchführen?

Natürlich muss in einer guten Verpackung auch ein ehrliches Produkt stecken. Sonst sind wir einer Mogelpackung aufgesessen. Hinter dem „Bewegungstraining für die grauen Zellen“ steckt noch ein wenig mehr als ein Kreuzworträtsel oder das aktuell sehr beliebte japanische Zahlenrätsel Sudoku. Gehirnjoggen ist ein neudeutsches Synonym für BrainGym®, ein Übungssystem aus der Kinesiologie. Kinesiologen sind Ärzte und Therapeuten, die durch eine spezielle Ausbildung versuchen, die westlichen und asiatischen Heilweisen systematisch zu kombinieren. Dieses für manche schwer auszusprechende Kunstwort zählt heute zu den am weitesten verbreiteten ganzheitlichen Behandlungsmethoden der Welt. Seine Bedeutung speist sich sowohl aus dem lateinischen Begriff „Kinetik“ (Bewegung) als auch „chinesisch“. Die Kinesiologie wird unterteilt in die Selbstanwendung primär zur Stressreduktion und in die Anwendung durch einen Arzt oder Therapeuten. Im zweiten Fall ist die Anwendung wesentlich komplexer. Sie ermöglicht es, sowohl auf körperlicher als auch auf mentaler Ebene tief sitzende Dysbalancen und Blockaden aufzulösen. Zum Repertoire des Kinesiologen zählt die Akupressur, eine aus Japan stammende Abwandlung der Akupunktur. Über bestimmte Triggerpunkte können energetische Blockaden und damit verbundene Dysfunktionen aufgelöst werden.

Eine weitere kinesiologische Technik in der Selbstanwendung sind „mentale Gymnastikübungen“. Sie sollen helfen, die Gehirnfunktionen zu stimulieren und zu integrieren. Die einfachsten und bekanntesten Übungen sind die liegende Acht und die so genannten Überkreuzbewegungen zur Integration der beiden Körper- und Hirnhälften.

An der Kinesiologie ist mir besonders sympathisch, dass es ein offenes System ist. Dies gilt sowohl für das zugrunde liegende Denkmodell als auch für die Methodik. Obwohl NLP und Kinesiologie viele Parallelen aufweisen, insbesondere die Betonung der neuronalen Prozesse im Gehirn und deren Steuerung, erscheint mir die Kinesiologie übergreifender. NLP erfordert ein hohes Maß an kognitivem Eingreifen, während das asiatische Energiemodell in der Kinesiologie körperliche Prozesse intuitiver integriert. In meiner Berater-Praxis erlebe ich vorwiegend männliche Führungskräfte, Freiberufler und Trainer mit NLP-Erfahrung, während Kinesiologie primär von Frauen eingesetzt wird. NLPler zielen stärker auf Leistungssteigerung, während Kinesiologen den Fokus mehr auf Gesundheit und seelisches Gleichgewicht legen.

Wie bereits erwähnt, sind die Systeme, mit denen wir unser Gehirn und unseren Körper fit halten wollen, sekundär. Den Endorphinen ist es relativ egal, wodurch sie stimuliert werden. Entscheidend ist, dass wir für uns selbst eine eigene Systematik entwickeln, die uns ans Ziel bringt, und dass wir es in der Hand haben, uns zu steuern. Punktuelle Eingriffe als Reaktion auf Probleme sind genau wie weltfremde Heilslehren und Gurus Bremsklötze, die uns bei 180 kurz vor dem Abgrund retten sollen. Es kostet wesentlich weniger Energie, an der entscheidenden Kreuzung richtig abzubiegen und das Lenkrad konstant aufs Ziel zu steuern, als mit Vollgas in die falsche Richtung zu rasen. Im Praxisteil finden Sie viele anregende Übungen zur Gehirn- und Körperintegration. Mit Unterstützung der Begleit-CD wird es Ihnen sehr leicht fallen, sich ein persönliches mentales Fitness- und Wellness-Programm zusammen zu stellen, das Ihnen Spaß macht.

3 So funktioniert Hi-Tec-Motivation

„Was ist Hi-Tec-Motivation?“ Je nachdem, wer diese Frage stellt und was man wissen möchte, gibt es schnelle und einfache, aber auch langatmige und komplizierte Antworten. Die schönste Antwort erhielt ich von meinem damals dreijährigen Sohn Philip.

Wir waren gerade in einen boomenden Vorort von München gezogen. Wie so oft, hatte die Stadtverwaltung dort einfach die Jüngsten vergessen. Nur jedes zweite Kind erhielt einen Kindergartenplatz. Nach etlichen Absagen und „Wartelisten“ brachte mich das traurige Gesicht meines Sohnes auf eine Idee. Wir machen ihm eine Hi-Tec-Motivations-CD. Ich erklärte Philip die Prozedur der Digitalisierung und ging mit ihm zum Multimedia-PC in unserem Büro. Ich setzte ihm einen Kopfhörer mit Mikrophon auf und sagte ihm leise den Satz vor, den er in den Computer sprechen sollte: „Ich habe einen wunderschönen Kindergartenplatz.“ Seine stimme zitterte, als er den Satz nachsprach. Ich bat ihn, den Satz öfter zu wiederholen, und mit jedem Mal schien er sich seiner Sache sicherer zu sein. Denn seine Stimme, die anfangs kaum hörbar piepste, wurde immer fester und lauter.

Ich erklärte ihm, dass nun der Computer seine Stimme in Musik umwandeln würde und brannte ihm seine erste persönliche Hi-Tec-Motivations-CD. Ein Strahlen ging über sein Gesicht, und ich werde wohl nie vergessen, was dann geschah. Am folgenden Tag erhielt ich eine E-Mail des Bezirksbürgermeisters. Er ist dafür bekannt, unkonventionelle Bürgernähe zu pflegen und im Zweifelsfall selbst einzugreifen, wenn die Behörden schlafen. Sein Geheimtipp bescherte meinem Sohn innerhalb weniger Tage im Nachbarbezirk einen Kindergartenplatz. Die Begeisterung, die dieses Erfolgserlebnis in meinem kleinen Sprössling auslöste, faszinierte mich. Noch Monate später erklärte er mir, wie das mit der CD funktionierte: „Du sagst dem Computer, was du dir wünschst, und er zaubert aus deinem Wunsch eine CD mit deiner Lieblingsmusik. Wenn du die Musik dann hörst, hilft sie dir, deinen Wunsch zu erfüllen.“ So naiv diese Vorstellung ist, denn sie hat ja mehr gemeinsam mit Aladins Wunderlampe als mit moderner Wissenschaft und Technik, so treffend und anschaulich ist sie jedoch. Nur wenige Wochen nach diesem Ereignis kam mein Sohn nachdenklich auf mich zu. Sein kleiner Bruder hatte etwas ausgefressen, und er verblüffte mich mit folgendem Statement: „Papa, ich glaube, du musst dem Florian mal eine CD machen, damit er besser hört!"

Natürlich hätte ich Sie in die Erklärung von Hi-Tec-Motivation auch technisch einführen können. Aber zugegeben, der technische Aspekt ist recht komplex und wird Sie vermutlich nicht wirklich motivieren, diese neue Technik auszuprobieren. Erfolgserlebnisse sind wesentlich aussagekräftiger als technische Details. Zudem zeigt die Erfolgs-CD meines Sohnes sehr gut die wesentlichen Elemente einer verlässlichen Erfolgstechnik auf.

Erfolgstechniken sind persönliche Rituale, die uns* zielsicher *machen. !

Meinem Sohn wäre es sicher egal gewesen, ob ich eine tibetische Gebetsmühle, einen Rosenkranz oder ein indisches Mantra für sein „Erfolgsritual" zu Hilfe genommen hätte. In der Tat sind technische Details Ihrem Gehirn völlig einerlei, so lange Sie das Ritual innerlich bejahen und Sie durch eine bestimmte Prozedur eine höhere Identifikation mit Ihrem Ziel oder Wunsch erreichen. Identifikation bedeutet in diesem Zusammenhang, dass sich mehr multisensorische Daten in Ihrer rechten Gehirnhälfte mit Ihrer abstrakten Zielvorgabe in der linken Hirnhemisphäre verknüpfen. Je mehr Daten, desto mehr „neuronales Feuer", desto leichter entsteht eine zielführende Reaktion. Doppelblindstudien zeigen, dass der Aspekt des Rituals wichtiger ist als die Methode selbst. Anders ausgedrückt: Wenn Sie einer Methode vertrauen, funktioniert sie auch. Deshalb der Umkehrschluss:

Arbeiten Sie* nie *mit einer Erfolgstechnik, der Sie nicht hundertprozentig vertrauen! !

Ihre innere Einstellung und Ihre Erwartungshaltung bestimmen das Ergebnis Ihres Rituals stärker als die Technik. Das ist ein wichtiger Grund, weshalb meine Firma ein sehr behutsames und zurückhaltendes Marketing betreibt und auf Hardselling-Methoden völlig verzichtet. Stattdessen führen wir regelmäßig Untersuchungen durch, um besser zu verstehen, was unsere Anwender erfolgreich macht und welche Gewohnheiten und Vorlieben sie bei der Nutzung unserer Tools entwickeln. Interessant dabei ist, dass die Wirksamkeit der Hi-Tec-Motivation nicht an erster Stelle steht. Entscheidend für die meisten User ist es, mit der Ziele-CD ein Ritual zu haben, das Ihnen jederzeit zur Verfügung steht. Über 80 Prozent unserer Hörer nutzen täglich das Autoradio für ihr Motivationsritual. Sich bewusst Zeit nehmen, um seine Ziele und Vorhaben mental zu verankern, ohne aufreibende Verrenkungen oder komplizierte Techniken, das ist der wichtigste Grund, warum sie unsere CDs regelmäßig hören und dauerhaft bei dieser Technik bleiben. Der zweitwichtigste Beweggrund ist das „gute Gefühl", das die Soundtracks hervorrufen, wenn sie über Kopfhörer gehört werden. Der digitale Endorphin-Kick ist wichtiger als das Erfolgserlebnis eines erreichten Zieles. Dies entspricht dem Zeitgeist der letzten Jahre. Die Anforderungen und Belastungen im Alltag nehmen beständig zu, sodass der Ausgleich, das „Runterkommen", eine immer wichtigere Rolle in der Freizeit spielt.

! ***Hi-Tec-Motivation ist eine Erfolgs- und Entspannungstechnik, die Sie per Knopfdruck jederzeit in einen entspannten und motivierten Zustand versetzt.***

Wenn Sie ein klassisches Seminar über Zeitmanagement oder Zielsetzung besuchen, erhalten Sie eine Fülle an wertvollem Know-how, an Techniken, Tricks und Checklisten für die Zeit „danach". Gute Seminarsysteme bieten Ihnen zudem ein strukturiertes „Follow-up" oder, wie man heute auch gern sagt, einen persönlichen „Support". In den Wochen nach dem Seminar ist es jedoch zu 99 Prozent Ihnen überlassen, was Sie mit diesen Tools anstellen und wie stark Sie die einzelnen Maßnahmen in Ihre Routine einbetten. Das Kernproblem fast aller klassischer Erfolgs- und Selbstmanagement-Techniken ist, dass sie nur zu einem sehr geringen Prozentsatz Eingang in unsere täglichen Abläufe finden. Der Hauptgrund: fehlende Zeit.

! ***Hi-Tec-Motivation können Sie zu 90 Prozent ohne zusätzlichen Zeitaufwand einsetzen.***

Sich mit Hi-Tec-Motivation zu motivieren ist ein sehr einfaches Ritual. Wenn Sie keine Zeit haben, sich zu motivieren oder zu lernen, schalten Sie lediglich Ihren Mediaplayer am PC oder Ihren CD-Player an, hören leise im Hintergrund Musik oder Natursounds und arbeiten einfach weiter. In den Soundtracks sind digitale Klangimpulse integriert, die von der rechten Hirnhemisphäre verarbeitet werden, während Sie aktiv mit anderen Dingen beschäftigt sind.

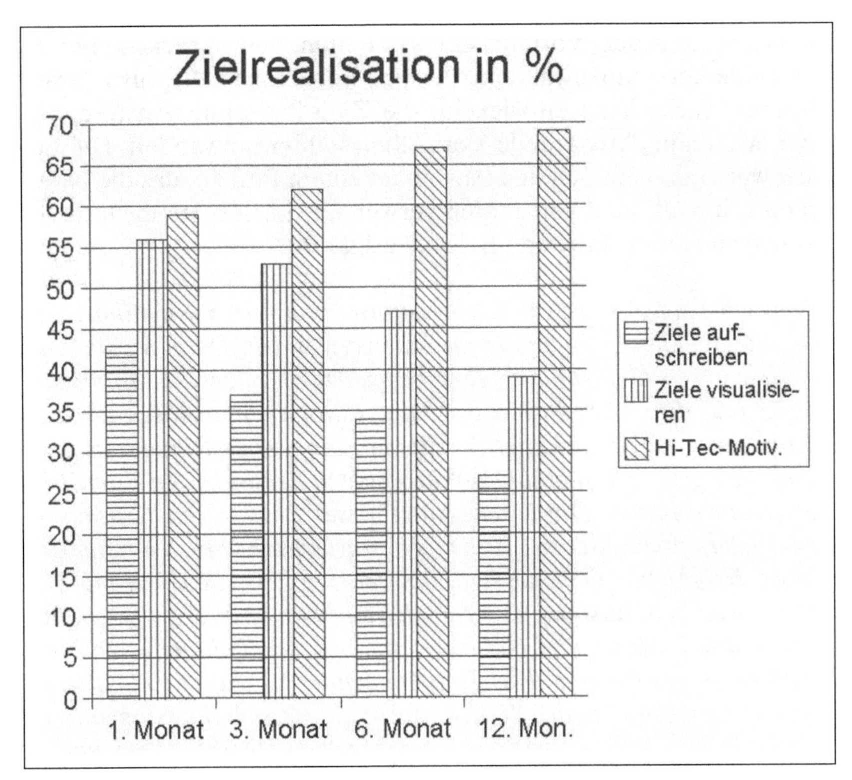

Abbildung 4: Zielrealisation

Hi-Tec-Motivation stimuliert die rechte Gehirnhälfte mit Zielvorstellungen. !

Wir haben weiter oben erkannt, dass unser menschliches Großhirn mit zwei unterschiedlichen Codes arbeitet, um Informationen zu „verwalten" und daraus Bedeutung und Reaktionen abzuleiten. Der lineare Code über Sprache und abstrakte Symbole verwaltet den Datenspeicher, der analoge Code arbeitet mit Vorstellungen. Außerdem haben wir gesehen, dass der „Sprachcode" evolutionär noch recht jung ist und deshalb weniger Wirkung auf die älteren Gehirnregionen hat. Leider mussten wir auch feststellen, dass die meisten Bewegungshandlungen von unserem Affen- und Reptilienhirn gesteuert werden. Um Bewegungsimpulse vom Großhirn an das Affen- und Reptilienhirn zu senden, verwendet es aber keine Sprache, sondern bildhafte Bewegungsprogramme. Hier sind wir wieder am Kern des Problems. Unsere Entwickler haben sich die Frage gestellt: Wie können wir dem modernen Menschen, dessen

Gehirn so sehr auf Wörter fixiert ist, helfen, den Sprachcode in einen Bildercode umzuwandeln? Unsere Forschung zielte also darauf ab, eine Technik zu entwickeln, die Zielsätze ohne Anstrengung oder Wissen in aktivierende Vorstellungsbilder umwandelt. Die Lösung war genial einfach und beruht auf einem Prinzip, das die Natur schon seit Millionen von Jahren verwendet. Lassen Sie mich dieses Prinzip an einem einfachen Beispiel erklären.

➤ *Wenn wir singen, wird die Sprachinformation durch Rhythmus und Melodie in einen nicht-lineraren Code verwandelt. Denn Musik wird in der rechten Gehirnhälfte verarbeitet. Das ist der Grund, warum Lieder und ihre Texte in uns gewaltige Emotionen auslösen können. Wenn „unser Lied" erklingt, ist dies ein magisches Ritual, das zwei Menschen geistig und emotional in wenigen Sekunden an ihren Liebesschwur erinnert. Die Kirche nutzt dieses Prinzip seit Jahrtausenden. In der musikalischen „Anbetung" werden die stärksten religiösen Kräfte freigesetzt. Gleiches gilt für den rezitierenden Gesang von Mantras im Hinduismus. Aber auch ganz banale Werbebotschaften werden durch Musik und Gesang wesentlich nachhaltiger in unserem Gedächtnis gespeichert. Das Entscheidende bei dieser „klassischen Technik" ist, dass lineare Sprachinformation durch das Singen in einen Code verwandelt wird, der von der rechten Hirnhälfte verstanden wird. Marschmusik und Kriegsgesänge verfolgten übrigens das gleiche Prinzip wie Kirchenlieder.*

! ***Hi-Tec-Motivation wandelt Sprache in digitale Klangimpulse um, die von der rechten Hirnhemisphäre verarbeitet werden.***

In den 1970er Jahren gab es in den USA erste Versuche mit Effektgeräten, dieses Prinzip elektronisch nachzuahmen. Allerdings waren diese so genannten Subliminalbotschaften (subliminal = unterschwellig) sehr umstritten. Dennoch erreichte der Marktanteil an Subliminal-Cassetten zeitweilig über 10 Prozent des Gesamtumsatzes des amerikanischen Buchhandels. In Europa spielte die Subliminaltechnik nur eine kleine Rolle und verschwand nach wenigen Jahren wieder aus dem Angebot. Als „Psychotechnik" wurde sie nie wirklich anerkannt. Subliminals galten vielen psychologisch Interessierten als zu esoterisch und unwissenschaftlich.

! ***Die Wirkung von Subliminals beruht primär auf Placebo-Effekten und ist wissenschaftlich widerlegt.***

Mitte der 1990er Jahre veröffentlichte die Universität Bonn eine umfassende Studie zum Thema Subliminals. Die Ergebnisse waren ernüchternd und gaben den Skeptikern Recht. Die Psychologen der Universität Bonn hatten die wichtigsten Studien über unterschwellige Botschaften aus zwei Jahrzehnten „Forschung“ nachgestellt. Keines der ursprünglichen Studienergebnisse wurde jedoch bestätigt. Im Gegenteil, die Forscher fanden heraus, dass die Botschaften (abstrakte Texte und Verhaltensinstruktionen), die sie unhörbar mit einer Pink oder White Noise (Rauschen) vermischten, vom Gehirn praktisch nicht verstanden wurden. Dennoch brachten die Untersuchungen einen wichtigen grundlegenden Aspekt ans Tageslicht: Prinzipiell ist das Gehirn in der Lage, Informationen „subkortikal“ zu verarbeiten. Übersetzt bedeutet dies, dass unser kognitives lineares Sprachzentrum nicht zwingend an der Verarbeitung von Sprachmustern beteiligt sein muss. Für unsere Entwickler gab dieses Forschungsergebnis „grünes “Licht", einen neuen Weg der Sprachumwandlung zu entwickeln. Wenn das Gehirn Sprachinformationen ähnlich wie Gesang auch rechtshirnig verarbeiten kann, musste es auch einen Weg geben, die Sprache so zu verpacken, dass die rechte Hirnhälfte die Inhalte auch verstand. Wir nutzten die neueste Generation digitaler Sounderzeugung und -verarbeitung, um diesen völlig neuen Lösungsansatz zu verwirklichen. Das Syntheseverfahren, das unsere Entwickler auf Basis der Pentium III Prozessorgeneration darstellen konnten, war verblüffend. Das Sprachsignal wird bei diesem Verfahren in mehreren Schritten digital zerlegt und mit einer komplexen nichtlinearen „Matrix“ verrechnet. Am Ende dieses ersten Schrittes, den man mit der Potenzierung in der Homöopathie vergleichen könnte, erhalten wir eine Soundsynthese in Form von Klangimpulsen. Dieses „Rohmaterial“ klingt wie das sphärische Rauschen und Pfeifen der Hintergrundstrahlung im Weltraum. Die Klangstruktur ahmt in der Tat eine breite Palette natürlicher Klangmuster nach. Ergänzt werden diese durch Arpeggien und Sinuskurven, die mathematische und physikalische Phänomene akustisch abbilden sollen. Ziel dieser komplexen Matrix ist es, die rechte Gehirnhälfte und das limbische System auf vielfältige Weise zu stimulieren und Aufmerksamkeit zu wecken. Um diesen nackten digitalen Datensalat attraktiver für unsere modernen Hörgewohnheiten zu machen, wird in einem weiteren Syntheseschritt, die Informations-Matrix mit Musik oder Natursounds verschmolzen. Im Ergebnis hören Sie am Ende der Soundverarbeitung nur noch Musik oder Natursounds.

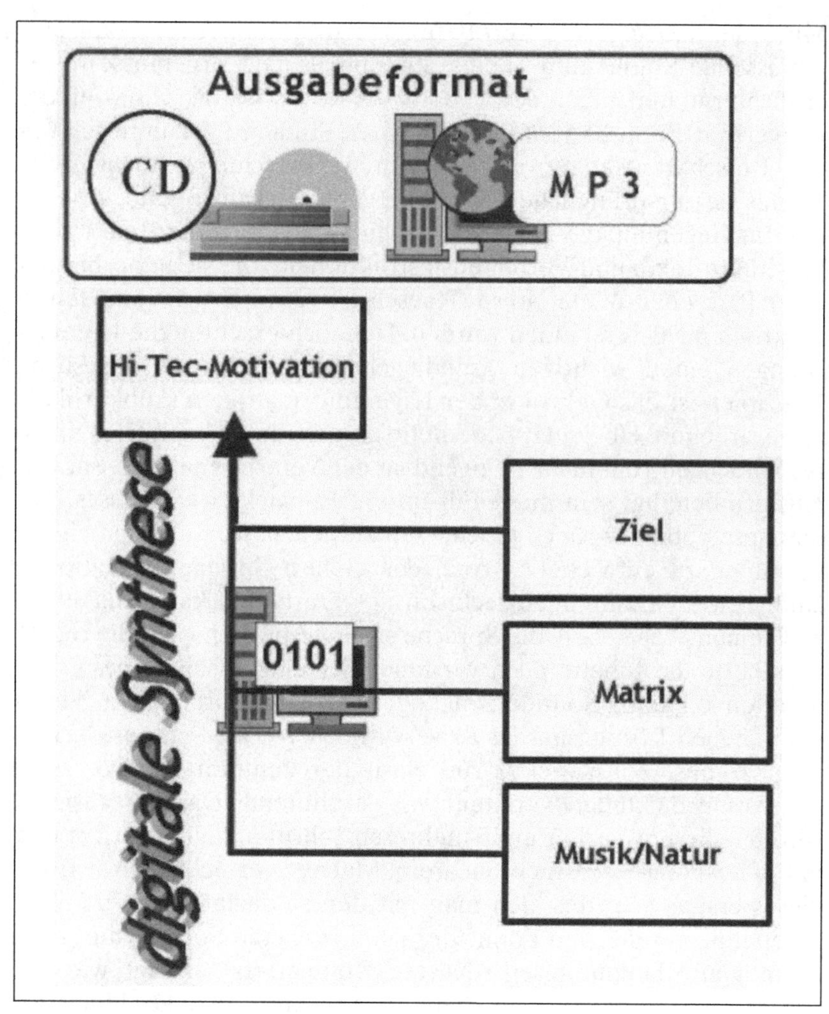

Abbildung 5: Hi-Tec-Motivation

Nach der technischen Bewältigung stellte sich uns die Frage, ob und wie die rechte Gehirnhälfte die Inhalte aufnehmen und verarbeiten würde. In einem drei Jahre dauernden Pilotprojekt konnten wir in etwa 100 mittelständischen Unternehmen die Technik in der Praxis testen. Hierzu programmierten wir auf Managementebene individuelle Ziele-CDs als Ergänzung zur klassischen schriftlichen Zielvereinbarung. Auf Mitarbeiterebene verwendeten wir themenspezifische Programme in den Bereichen Service und Vertrieb, die die Mitarbeiter bei Bedarf abrufen konnten. Die Evaluation erfolgte über Fragebögen durch akademisches Personal von den Universitäten in München (LMU und TU) im Rahmen des Businessplanwettbewerbes Start Up von McKinsey, Stern und Sparkasse.

Drei Parameter bestätigten die Wirkung der Hi-Tec-Motivation:

1. Individuelle spezifische Zielvorgaben der Führungskräfte wurden mit einem signifikant höheren Umsetzungs-Quotienten realisiert (im Vergleich zur rein schriftlichen Zielsetzung).
2. Zielvereinbarungen auf Mitarbeiterebene wurden mit deutlich mehr Eigeninitiative und Teamspirit realisiert. Damit stiegen subjektive und objektive Erfolgsfaktoren, beispielsweise bei Kampagnen und Aktionen.
3. Kreatives Lösungsdenken ging völlig neue Wege, was in einigen Fällen zu einer beschleunigten Produktentwicklung oder gar zu neuen Unternehmensgründungen führte.

Durch die Verwendung von mehrsprachigen Programmen konnten wir während des Pilotprojekts auch sehr gut die Adaption der Sprachmuster belegen. Wir übersetzten bei Führungskräften, die international tätig waren, die Zielvereinbarungen in die Fremdsprache und programmierten die Ziele in beiden Sprachen parallel. Im Ergebnis berichteten die Probanden von einer wesentlich größeren fremdsprachlichen Flexibilität, was die Kommunikation mit den ausländischen Kollegen und damit die Arbeitsergebnisse positiv beeinflusste.

Diese Langzeitstudie wurde von McKinsey & Co. Deutschland und dem Sparkassenverband im Rahmen des Start UP Wettbewerbs mehrfach ausgezeichnet. Um diese Anfangserfolge auf ein solideres Fundament zu stellen, gingen wir mit dem sportwissenschaftlichen Institut der TU München eine intensive Entwicklungspartnerschaft ein. Unter Leitung von Prof. Keller entwickelten wir im Rahmen einer Diplomarbeit ein spezielles Reha-Programm und evaluierten dessen Wirkung anhand einer medizinischen Studie in einem renommierten orthopädischen Wirbelsäulenzentrum. Aufgrund der intensiven medizinischen Betreuung der Patienten konnten vielfältige Parameter getestet werden. Ich möchte hier nur zwei herausgreifen, die typisch für den Verlauf solcher Studien sind.

1. Schmerzerleben: Viele Reha-Patienten leiden unter akuten Schmerzen. Diese beeinträchtigen ihre Stimmung, ihre Rehbilitation und ihr Alltagsverhalten negativ. Der Behandlungserfolg verzögert sich.

2. Schmerzen und verletzungsbedingte Bewegungseinschränkungen beeinträchtigen die Bewältigung des Alltags (z.B. Fehlhaltung, Angst vor neuer Verletzung).

Beide Faktoren konnten bei den Probanden durch Hi-Tec-Motivation signifikant verbessert werden. Konkret bedeutet dies, dass der Patient bei akuten Schmerzen durch das Hören der Entspannungsmusik weniger Schmerz empfindet. Seine Stimmung hellt auf und seine Bewegungsfreiheit nimmt wieder zu. Im motorischen Bereich fällt es dem Patienten deutlich leichter, mit Hilfe der Reha-Übungen seine alte Beweglichkeit wieder zu erlangen oder sogar neue Bewegungsmuster zu erlernen.

Diese wegweisende Studie wurde in den vergangenen Jahren durch Case Studies mit Leistungssportlern untermauert. Hier lag der Schwerpunkt auf der Evaluierung von technischen und taktischen Fertigkeiten und deren Abrufbarkeit während des Wettkampfs. Die Ergebnisse entsprachen denen der Vorstudien: Die mit Hi-Tec-Motivation trainierten mentalen Simulationen hielten insbesondere dem Wettkampfstress stand und verbesserten die Saisonleistungen der Sportler insgesamt deutlich. Die Ergebnisse dieser Studien wurden auf deutschen und internationalen Fachkongressen präsentiert.

Häufig werde ich gefragt, wie es denn möglich sei, dass die in der Musik verschlüsselte Information vom Gehirn nicht nur „gehört“, sondern auch „verstanden“ wird. Die einen, meist interessierte Laien, sind eher skeptisch, ob das überhaupt möglich sei. Die anderen, meist Kollegen mit entsprechendem Vorwissen, argwöhnen, dass man mit dieser Technik doch auch manipulieren könne. Zunächst kann ich die Kollegen beruhigen.

! ***Hi-Tec-Motivation unterscheidet sich grundlegend von allen hypnoiden und suggestiven Verfahren. Die Klangimpulse wirken nur stimulierend und nicht suggestiv.***

Die Angst vor Manipulation ist so alt wie die Erfolgstechniken selbst. In der Tat leben wir in einer stark manipulativen Welt. Jeder möchte doch den anderen von seiner Wahrheit überzeugen, oder? Unsere Erziehungsmodelle bilden ja die Grundlage für diese Orientierung. Denn wir wollen schließlich „Werte vermitteln“ und „Erziehungsziele umsetzen“, wie es in den einschlägigen Ratgebern so harmlos heißt. Ich habe selber Kinder, und wenn Sie auch Mutter- oder Vaterpflichten haben, werden Sie mir sicher zustimmen, dass man Kinder nur sehr begrenzt manipulieren kann, egal mit welchen

Techniken. Kinder haben trotz ihrer fehlenden intellektuellen Reife im Grunde ein feines Gespür für ihre Bedürfnisse und Wünsche. Hinzu kommt, dass Kinder noch nicht verlernt haben, diese auch klar zu äußern. Zudem ist ihr Wollen und Können einfacher strukturiert, und die analytischen Strategien, die wir Erwachsenen verwenden, sind nur rudimentär ausgebildet. Auf Deutsch: Kinder handeln impulsiv aus dem Bauch heraus und gehen ganz in ihrem Wollen und Wünschen auf. Ich will damit nicht sagen, dass alle Kinderwünsche per se gut und richtig sind. Es geht mir lediglich darum, festzustellen, dass eine Manipulation gegen den Willen eine sehr aufwändige Angelegenheit ist.

Der Einsatz von Erfolgstechniken fordert und fördert kreative selbstbestimmte Persönlichkeiten. Der Einsatz von Hi-Tec-Motivation erfordert klare persönliche Ziele, die man wirklich erreichen will. !

Wir bewegen uns mit diesem Thema im Fahrwasser der Mythenbildung. Schuld an diesem Mythos sind nicht nur meist religiös gefärbte Sekten wie Scientology, sondern auch Erfolgstrainer, die in Anlehnung an asiatische Heilslehren und vermeintliches esoterisches „Geheimwissen" ihren Techniken einen mythologischen Überbau verschaffen, der völlig weltfremd und absurd ist. Natürlich kann Ihnen ein Voodoopriester in einem Ritual in der Karibik einen fürchterlichen Schrecken einhauchen, genauso wie die Wahrsagerin auf dem Jahrmarkt in Wolfenbüttel. Aber Rituale haben nur Kraft für den, der ihnen vertraut (oder sie fürchtet). In dem Maße, wie wir Profis den Mut haben, Erfolgstechniken zu entmystifizieren und sachlich über deren Wirkungsweise aufklären, werden diese generellen Vorbehalte gegenüber geistigen Techniken abnehmen. Leider stehen wir hier auch nach drei Jahrzehnten Aufklärung immer noch am Beginn eines langwierigen Lernprozesses vom mittelalterlichen Aberglauben hin zum neuzeitlichen Denken. Den Skeptikern kann ich nur zu Gute halten, dass Sie Recht haben, wenn Sie skeptisch sind.

Hi-Tec-Motivation holt jeden dort ab, wo er steht

Wie ich bereits oben beschrieben habe, existieren in Deutschland einige generelle Probleme am Arbeitsplatz. Den beiden größten, Stress und Demotivation, lässt sich mit den neuen digitalen Trainingsmedien sehr effizient begegnen. Die Basis für eine positive Unternehmenskultur ist laut einer Untersuchung (Collins/Porras, „Built to Last“, New York 2002) eine gelebte positive Unternehmensphilosophie sowie eine gezielte Motivation und eine Erfolgsbeteiligung der Mitarbeiter. An der Schaffung und Festigung dieser Basis arbeiten wir deshalb immer zuerst. Nur so können nachhaltige Erfolge entstehen. Um diese Herausfoderung professionell zu meistern, arbeiten wir mit kompetenten Partnern aus der Personalentwicklung. Einer unserer wichtigsten und zugleich bekanntesten Partnerunternehmen ist die Seiwert-Institut GmbH.

Das Seiwert-Institut in Heidelberg ist seit vielen Jahren Marktführer im Bereich Zeitmanagement Seminare und Coachings. Der Gründer, Prof. Dr. Lothar Seiwert, gilt unangefochten als wichtigste Koryphäe, wenn es um das Thema Life-Balance und Arbeitstechniken geht. Bevor mein Unternehmen 2005 mit Prof. Dr. Seiwert ein gemeinsames Trainingstool mit Hi-Tec-Motivation entwickelte, nutzten wir eine intensive Pilot- und Projektphase, um die technischen Vorteile einer Zusammenarbeit in unserer Zielgruppe zu verankern. Das war kein leichtes Unterfangen. Das Kundenprofil des Seiwert-Instituts reicht vom gehobenen Privatkunden bis zum großen Weltkonzern. Wo sollten wir also den Einstieg wagen? Wir hatten Glück, denn während unserer Pilotphase fand sich eine Betriebskrankenkasse eines großen deutschen Konzerns. Sie war gerade auf der Suche nach einem passenden Prämienprogramm für ihre Mitglieder. So entstand die Seiwert Lifebalance Toolbox. Eine Multimediabox mit Video und Audiotraining als kompletter Einstieg in eine systematische Work-Life-Balance.

Einen Workaholic von der Life-Balance-Idee zu überzeugen ist eine Lebensaufgabe. Ich weiß, ich begebe mich mit dieser Aussage auf Glatteis. Denn im Grunde lieben High-Performer ihre Arbeit so sehr, dass sie es eher als Strafe ansehen würden, wenn man ihnen einen Teil davon wegnehmen würde. Aber genau das ist der Trugschluss. Denn es geht ja nicht um Verrechnungseinheiten in den Balanced Scorecards, sondern um mehr Lebensqualität. So lange unsere Führungselite 60, 70 Stunden in der Woche sich hinter Schreib- und Konferenztische zwängt und in der „Freizeit“ die Familie mit Laptop, Handy und Blackberry ausklammert, bleibt es schwierig, Seiwerts Konzepte für ein „nachhaltiges Lebens- und Arbeitsmanagement“ in die Tat umzusetzen. Seiwerts Erfolg zeigt jedoch, dass wir mitten in einem Umdenkungsprozess stehen, an dessen Ende mehr Effektivität, mehr Produktivität durch weniger Arbeit und mehr Freizeit stehen wird. Denn Fakt ist, dass Arbeit als gesellschaftlicher Faktor abnimmt. Das Problem, dem sich unsere Leistungsgesellschaft stellen muss, ist jedoch die Frage, mit welcher Strategie wir zu dieser neuen „Balance“ gelangen wollen. Meine Antwort ist eindeutig: Wenn ein relevanter Teil der Bevölkerung sein Leben bewusster und aktiver mit Erfolgstechniken gestalten und planen würde, kämen wir automatisch zu einer neuen Balance. Denn wer wäre so verrückt, sich das Ziel aufzuschreiben: „Ich arbeite sechzig Stunden im Büro und dann noch mal zehn bis zwanzig Stunden zu Hause“?

Hi-Tec-Motivation kann solche Lernprozesse fördern und begleiten, weil es die Bremsklötze der Routinen aufweicht. Sicher gehen wir hier Mikroschritte. Dies gilt insbesondere, wenn wir größere Veränderungen innerhalb einer gewachsenen Kultur anstreben wollen. Der anhaltende Erfolg von Seiwert zeigt jedoch, dass die Bereitschaft zu einem Paradigmenwechsel bei uns wächst.

Die Umgestaltung der Arbeitswelt ist seit langem Topthema der großen Konzernstiftungen. Gerne zur Arbeit zu gehen und engagiert Leistung zu erbringen ist jedoch eng verknüpft mit dem subjektiven Gefühl, dass im privaten Bereich genügend Raum für Ausgleich und Selbstverwirklichung bleibt. Die einzelnen Lebensbereiche müssen sich gegenseitig in einer Aufwärtsspirale hochschaukeln. Doch dazu fehlt den meisten Arbeitnehmern die Perspektive. Betriebliche Zielvereinbarung als Pflichtübung zur Ermittlung des Leistungsbonus ist zu wenig. Dieses Ritual ist ausgereizt und wird auch in der Zukunft nur bedingt Motivationsenergie freisetzen. Die jährlichen Umfragen des renommierten Gallup Instituts über die Befindlichkeit der Deutschen am Arbeitsplatz spricht hier eine klare Sprache.

Hi-Tec-Motivation setzt genau an diesem Problem an. Es fügt sich in die Arbeitsroutinen ein und wirkt als Agens für Entwicklung und Veränderung, wenn die klassischen Maßnahmen der Personalentwicklung nicht verfügbar sind. Deshalb bezeichnen wir diese akustische Form von Coaching und Training auch als „virtuell“.

Wie sieht nun eine konkrete Anwenderroutine aus, und was ändert sich durch dieses unscheinbare Tool im Alltag für den Anwender? Begleiten wir einfach unseren Ideal-User durch einen typischen Tagesablauf.

➤ *Der Wecker reißt ihn nicht um 6.30 Uhr abrupt aus dem Schlaf. Stattdessen ertönt ein sanftes, leise anschwellendes Vogelgezwitscher, gefolgt von sanftem Meeresrauschen. Wenn die Augenlieder sich allmählich öffnen und das erste Tageslicht über die Netzhaut das Serotonin (Schlafhormon) aus dem Körper vertreibt, wandelt sich die Soundcollage in eine rhythmische Melodie. Diese wichtige Startphase macht den ersten entscheidenden Unterschied. Lange vor dem ersten Kaffee und der erfrischenden Dusche sind bereits die Lebensgeister unseres Ideal-Users geweckt. Statt sorgenvoll auf die Uhr und nervös über die Tages-Termine im Blackberry zu blicken, reißt er das Fenster auf und bringt nun auch seinen Körper auf Touren. Hierfür reichen ihm drei Minuten Yoga, Tai-Chi oder Qui Gong.*

Beim Frühstück vergräbt er sich nicht nervös hinter der Morgenzeitung. Er nutzt die Zeit, um sich mit seiner Partnerin auf den Tag einzustimmen.

Während der Rushhour auf dem Zubringer ins Büro hört er sich keine öden Werbesprüche im Autoradio an. Stattdessen fokussiert er sich mit seiner Lieblingsmusik geistig auf seine Termine und lässt sich von der Melodie zu einem optimalen Zielbild inspirieren. Seine „auto-aktive" Zielprogrammierung lässt die Zeit wie im Flug vergehen. Der Tag kann kommen!

Verlassen wir kurz unseren Ideal-User. Ein Vergleich mit den herkömmlichen Routinen ist nun angebracht. Oberflächlich gesehen ist kaum ein Unterschied zum klassischen Verlauf zu entdecken. Und dennoch wird unser Ideal-User im Vergleich zu seinen Kollegen und Partnern anders im Büro ankommen. Er wird entspannter sein, sein Hormonspiegel wird auch ohne Koffein und andere chemischen Muntermacher von Nacht auf Tag umgeschaltet haben und, was vielleicht am wichtigsten ist: Er hat sich den Tag zum Verbündeten gemacht statt zum Gegner. Damit schwimmt er statistisch gesehen auf sehr angenehme Weise gegen den Strom. Spulen wir den Tageslauf ein wenig vor.

➤ *Es ist Mittagspause. Nach einem Snack mit den Kollegen geht es raus an die Luft. Zehn Minuten Sauerstoff und Energie tanken. Danach ein Rückzug und egal, was kommt, einen Powernap einlegen. Kopfhörer auf, Füße hoch, zehn Minuten im Alphazustand, und alle Sinne sind wie neu. Würde Schumi einen Boxenstopp auslassen? Nie! Never!*

Auch hier ist der Unterschied in der Routine unseres Ideal-Users im Vergleich zu seinen Kollegen wieder minimal. Doch der Unterschied zeigt sich deutlich in der Leistungskurve am Nachmittag. Denn die Mini-Siesta im Bürosessel wirkt im Gegensatz zu Koffein nachhaltig erholsam. Das gilt übrigens auch für die Low-Tec-Version des Mittagsschlafs. Einziges Problem: Während Hi-Tec-Motivation Sie nur in einen entspannten schlafähnlichen Zustand versetzt, mag so mancher Mittagsschläfer selbst mit Weckerklingeln nicht mehr so richtig wach werden. Ein weiterer Vorteil eines digitalen Powernaps liegt in der Kombination von Erholung und Motivation. Während Sie entspannen, inspirieren die digitalen Klangimpulse Sie zu neuen Taten. Ihre Bereitschaft, auch nachmittags Höchstleistungen zu erbringen, steigt. Kehren wir zurück zu unserem Ideal-User.

Da er ein richtiger Mr. Perfect ist, geht er abends ins Fitness-Studio, um sich körperlich fit zu halten und seine Adrenalinüberschüsse beim Training in Endorphine umzuwandeln. Natürlich hat er sein Studio sehr bewusst ausgewählt. Denn es bietet ihm nach der physischen auch noch eine mentale Fitness. In der „Wellness Lounge" findet er unter Palmen und Südseeatmosphäre einen Hi-Tec-Massagesessel mit einem Kopfhörer. Nach zehn Minuten Seelen- und Rückenmassage fühlt er sich wieder so frisch und energiegeladen wie am Morgen, als die ersten Sonnenstrahlen die nächtlichen Serotonine sanft in Endorphine umwandelten.

Wir wissen nicht, wie unser Ideal-User den Abend ausklingen lässt. Denn hier blenden wir uns einfach aus und kehren zurück in den normalen Alltag. Utopien und Ideale sind nur etwas wert, wenn sie eine reelle Chance haben, unseren Alltag positiv zu beeinflussen. Natürlich ist es müßig zu glauben, wir könnten immerzu in perfekter Weise auf einer rosa Wolke schweben. Aber das steht ja auch nicht zur Debatte. Idealkurven sind lediglich ein Indexmaß, an dem wir unseren Status quo messen können.

Im Praxisteil des Buches können Sie mit einem einfachen Test Ihren persönlichen Stresslevel überprüfen. Mit Hilfe der Begleit-CD können Sie ohne großen (Zeit)-Aufwand Ihren Tagesablauf energiereicher und zielorientierter gestalten.

Hi-Tec-Motivation schafft einen neuen Erwartungshorizont

Es wäre sicher vermessen zu behaupten, dass mit Hi-Tec-Motivation im Tagesgepäck immer alles nach Wunsch liefe. Ich möchte solche unrealistischen Erwartungen gleich im Keim ersticken. Denn Sie werden, egal, wovon wir ausgehen, immer mit dem wirklichen Leben konfrontiert sein. Alltag, Leben, Beziehungen, Lernen, Leisten, all dies sind hoch komplexe Phänomene. So komplex wie die Abermilliarden Verknüpfungen in Ihrem Gehirn, so komplex ist auch die reale äußere Welt verwoben. Kein noch so ausgeklügeltes Selbstmanagement-System könnte diese Komplexität unter Kontrolle bringen. Dazu existieren einfach zu viele Variablen in der Realitität. Komplexität managt sich selbst nach Gesetzmäßigkeiten, die wir noch zu entdecken versuchen. Oder wie ein altes chinesisches Sprichwort sagt: „Ein großes Land regieren ist wie Fischsuppe kochen, man darf nicht zu viel darin herumrühren."

Wenn Hi-Tec-Motivation kein Kontrollinstrument ist, was ist es dann? Ich nenne es ein „Steuerungsinstrument". Es ist ein virtueller Navigator, der die Erlebnisschere zwischen Projektion und Wirklichkeit ein wenig schließen hilft. Der individuelle Erwartungshorizont eines jeden Menschen entwickelt sich als Teil der Persönlichkeit während der Prägungsjahre in der Kindheit und Jugend. Je nach sozialem Umfeld können hier ganz unterschiedliche Prägungen entstehen. Durch Erziehung korrigiert ein Kind seinen persönlichen Erwartungshorizont an seine Möglichkeiten und Potenziale grundsätzlich und zunehmend nach unten. Während die Erwachsenen diesen Prozess als erfolgreiche Verinnerlichung von Erziehungszielen werten, geht in der Phase des Erwachsenwerdens bei den meisten Kindern ein wichtiger Aspekt ihrer Individualität und Kreativität verloren. Mit der so wichtigen kreativen Fantasie nimmt auch die Erwartung ab, die eigenen Träume und Wünsche mit der Realität in Einklang zu bringen. Dies ist weniger die Folge von Verboten oder Tabus als eine Frage der Prioritäten. Denn die Bedeutung der kreativen Fantasie bei der positiven Bewältigung von Problemen und der Gestaltung der eigenen Lebenszukunft spielt in unserer Erziehung weder in der Familie noch in der Schule eine Rolle. Schlimmer noch wird die soziale Anpassung gekoppelt an ein immer früher einsetzendes intellektuelles Training. Die Folgen sind bereits heute deutlich spürbar. Aktuelle Studien zeigen einen rapiden Anstieg an psychomotorischen Störungen im Kindergartenalter. Jedes zweite Grundschulkind klagt bereits regelmäßig über Kopfschmerzen.

Was für Leistungssportler und Führungskräfte gilt, hat auch für Kinder Gültigkeit. Selbstregulation durch Entspannung, kreatives Visualisieren und Integrationsübungen können bei Kindern und Erwachsenen die Abwärtsspirale nachhaltig umkehren. Vorausgesetzt, sie wird zum Teil der Alltagsroutine und findet einen Platz in der gelebten Alltagskultur in der Familie, im Kindergarten und in der Schule. Kinder reagieren meist sehr schnell und positiv auf Selbstregulation und kommen in der Regel rascher in eine innere Balance als Erwachsene.

Wir müssen davon ausgehen, dass die meisten Erwachsenen zunächst beim Wiederentdecken ihrer kreativ-schöpferischen Persönlichkeitsanteile einen gewissen Anschub benötigen, um die Negativspirale umzukehren. Wir haben bereits gesehen, dass für diesen Schritt oft eine persönliche Krise als Auslöser nötig ist, sei es ein gesundheitliches Problem als Folge von Stress oder der Verlust des Arbeitsplatzes oder des Partners.

Der Idealfall wäre natürlich eine Unternehmenskultur, die weitsichtig und präventiv Personalentwicklung und Persönlichkeitsentwicklung zu einer ganzheitlichen Erfolgskultur zusammenfügt. Erfolgstechniken können, wenn sie in eine gelebte Erfolgskultur eingebettet sind, den Einzelnen ermutigen, aus seiner Komfortzone herauszukommen. Mit einem ausgewogenen und attraktiven Menü an Angeboten zur Persönlichkeitsentwicklung kann ein Unternehmen mehr tun, als die Produktivität im Unternehmen zu steigern. Es kann helfen, in seinen Mitarbeitern ihr Potenzial (wieder) zu entdecken und selbstverantwortlich und kreativ zu verwirklichen. Hi-Tec-Motivation kann helfen, solch einen dynamischen Entwicklungsprozess schrittweise und sanft in die Unternehmenskultur zu integrieren. Wenn dieser Prozess an entscheidenden Punkten des Unternehmens ansetzt, beispielweise im operativen Management, kann dies einen andauernden Entwicklungsschub auslösen, der mittelfristig das gesamte Unternehmen mobilisiert. Die persönliche Erfahrung, mit Erfolgstechniken mehr Spielraum bei der Gestaltung der eigenen Lebenszukunft zu gewinnen, erzeugt eine positive Erwartungsspirale. Im englischen Human Resource Development ist sie als „Empowerment“ bekannt. Bezeichnenderweise fehlt es uns noch immer an einer adäquaten Übersetzung ins Deutsche.

! *Hi-Tec-Motivation fördert visionäres Denken.*

Ohne Computer geht heute nicht mehr viel. Digitale Medien haben längst auch unser Privatleben erobert. Von der Digitalkamera, über den MP3-Player bis hin zur Multimedia-Box, in der sich Fernsehen und Internet digital vereinen. Wir leben in einer digital vernetzten Welt. Diese neue virtuelle Datenlandschaft ist eine gelebte Utopie. Der berühmte polnische Science-Fiction-Autor Stanislav Lem gilt als der geistige Urvater des Internets. Bereits zur Mitte des 20. Jahrhunderts erschienen seine wichtigsten Romane, die heute zur Weltliteratur zählen. Auch die Möglichkeit, mit digitalen Medien Lernprozesse zu optimieren und das Vorstellungsvermögen zu stimulieren, galt noch im 20. Jahrhundert als Science Fiction. Unser Alltag im frühen 21. Jahrhundert hat in vielerlei Hinsicht Ähnlichkeit mit einem Zukunftsfilm. Es ist, als lebten wir „mitten im Film". Denn die Realität, die wir heute erleben, war gestern noch Fiktion.

In den beiden letzten Kapiteln haben wir das „Erfolgsmodell" kennen gelernt, das uns die Natur mitgegeben hat, um unser Leben, unsere Zukunft gedanklich zu erschaffen. Die wichtige Frage, die uns nun im nächsten Kapitel beschäftigen wird, ist: „Wie können wir unsere persönlichen Ideen, Wünsche und Vorstellungen mit Hilfe von Hi-Tec-Motivation genauso treffsicher zur Realität werden lassen, wie ein Bestsellerautor, der seiner Zeit voraus ist?

Ich habe Ihnen zu Beginn der Lektüre versprochen, dass ich es Ihnen leicht machen werde, den Zugang zu Ihrem kreativen Potenzial zu finden und Ihr Leben mit wenig Aufwand erfolgreicher zu gestalten. Nun, zugegeben, die Erkenntnisse der Neurobiologie und Psychoakustik sind nicht Teil dieses Versprechens. Denn diese Materie ist so komplex, dass ich mir zuweilen wünschte, ich könnte meine Arbeit auch ohne diese komplizierte Wissenschaft erklären. Das würde jedoch bedeuten, Ihnen wichtige Zusammenhänge vorzuenthalten. Schließlich möchte ich Sie ja auch intellektuell von den Möglichkeiten überzeugen, Ihr Leben mit Hi-Tec-Motivation erfolgreicher zu gestalten. Lassen Sie mich deshalb die entscheidenden Aussagen noch einmal kurz zusammenfassen:

1. Jeder Mensch ist potenziell von Natur aus in der Lage, sein Leben und seine Lebenszukunft durch kreative schöpferische Vorstellung frei zu gestalten.

2. Unsere Erziehung und Bildung stärken einseitig unser intellektuelles Denken, das kreative gestaltende Denken nimmt entsprechend schon in der Jugend ab.
3. Das intellektuelle Denken, das unser Erwachsenenleben dominiert, versagt bei zunehmender Komplexität.
4. Unser Lebensmanagement und unsere Erwartungshaltung an unser Leben liegen weit unter unseren Möglichkeiten und Potenzialen.
5. Der funktionale Alltag unterliegt einer permanenten Beschleunigung. Alles verändert sich immer schneller; wir fühlen uns überfordert und gestresst.
6. Erst wenn wir die Stressbremse ziehen und beginnen, im Alltag schöpferische und kreative Pausen einzulegen, in denen wir uns entspannen und Energie tanken, können wir wieder Zugang zu unserem inneren Potenzial erlangen.
7. Die Sprache, der Code für Veränderung und Zielverwirklichung, ist die Vorstellungskraft.
8. Um erfolgreich Veränderungen zu bewirken, müssen wir regelmäßig unsere Vorstellungskraft aktivieren.
9. Hi-Tec-Motivation ist ein digitaler Code, der unsere Vorstellungskraft ohne Anstrengung und mit wenig Zeitaufwand aktiviert.
10. Nachhaltiger persönlicher Erfolg erfordert eine gelebte „Erfolgskultur" innerhalb der Gemeinschaft, in der wir leben und arbeiten.

4 Design your Life – Von der Kunst, eine erfolgreiche Lebensvision zu entwickeln

Mit den digitalen Medien ist auch in der Persönlichkeitsentwicklung ein neues Zeitalter eingezogen ist. Innerhalb der letzten Dekade hat sich durch Multimedia und E-Learning ein entscheidender Faktor unmerklich gewandelt. Das, was die Pioniere der Persönlichkeitsentwicklung im letzten Jahrhundert als Grundstein gelegt haben, hat sich durch die digitalen Medien zu einem neuen virtuellen Repertoire an Erfolgstechniken und -technologien entwickelt. Die Quintessenz dieser Entwicklung ist das „Life-Design“. Es ist sicher kein Zufall, dass die angewandte Genforschung diesen Begriff zuerst geprägt hat. Die Idee, man könne in die bestehenden Blaupausen des Lebens gestaltend und verändernd eingreifen, ist ja im Grunde ganz eng verwandt mit dem Wunsch, auch die Lebensumstände zu beeinflussen. Das Schicksal, das uns die Natur oder Gott in die Wiege gelegt hat, nämlich Dinge zu verändern, ist wohl ein sehr tief greifendes Motiv menschlicher Schaffenskraft.

Was ist nun der Unterschied zwischen Hi-Tec-Life-Design und der Lebensbewältigung mit klassischen „Low-Tec-Methoden“? Im letzten Kapitel haben wir die komplizierten Vorgänge kennen gelernt, die unser Gehirn, unsere Wahrnehmung und unser Verhalten steuern. Eine der Kernaussagen war, dass wir zur Gestaltung unseres Lebens einen speziellen Code verwenden müssen, um nachhaltige Erfolge zu erzielen. Wir haben auch erkannt, dass Bildung und Erziehung einen anderen Code bevorzugen, der uns nur minimalen Zugriff auf die Gestaltfunktionen unseres Gehirns ermöglicht. Klassische Erfolgsmethoden scheitern in vielen Fällen an dieser biologischen und kulturellen Schranke. Mehr noch sind sie oft eingebettet in überbordende Philosophien und Glaubenssysteme, die wiederum neue Begrenzungen schaffen.

Mit den neuen Hi-Tec-Tools öffnen sich in den letzten Jahren ganz neue Horizonte, den Life-Design-Code zu knacken und zu nutzen. Neue Formate schaffen ganz neue Möglichkeiten. Denken Sie an die Zeit zurück, als Sie Dokumente aufwändig über das Faxgerät versenden mussten. Heute versenden wir Musik, Kataloge, Fotos und Videos einfach per E-Mail in Sekundenschnelle in die ganze Welt. Früher musste ein Mensch wochenlang trainieren, bis er seine

Hirnwellen gezielt auf Alpha-Entspannung umstellen konnte. Heute geschieht dies durch digitale Tontechnik innerhalb von Minuten.

Die Möglichkeiten, Ihr Leben nach Ihren eigenen Wünschen und Vorstellungen zu gestalten, Ihr Schicksal in die Hand zu nehmen und virtuos als Lebenskünstler durchs Leben zu gehen, sind heute unendlich viel größer als noch vor zehn Jahren. !

Dieser neue Gestaltungsrahmen, den uns die moderne Technik hier beschert, braucht auch neue Begrifflichkeiten. Worte wecken Erwartungen. Wer von „Lebensbewältigung“ spricht, meint eigentlich „Problemverarbeitung“. Wer „positives Denken“ empfiehlt, spricht eigentlich die Grübler an.

Was ist Life-Design?

Was steckt hinter dem Kunstwort des Life-Design? Das Online-Lexikon Wikipedia definiert Design wie folgt: „Am Beginn eines Entwicklungsprozesses steht die Analyse des Vorgefundenen und der Anforderungen an ein innovatives Konzept. Auf die Analyse folgt die Konkretisierung eines Konzepts. Das Konzept des Designers definiert bereits erste Ideen zur Beschaffenheit eines Systems oder Objekts. Dabei wählt der Designer die Mittel aus, die ihm zur Erfüllung der Zwecke geeignet erscheinen, und kombiniert diese systematisch. Dadurch, dass der Mensch unter anderem ein körperliches Sinnwesen ist, also nur über physische Mittel, vor allem über die Sinne, mit der Umwelt interagieren kann, muss notwendigerweise jedes Design letztlich physisch und räumlich werden – zu einem Objekt, das auf den Körper einwirken oder von dessen Sinnen erfasst werden kann. So bedürfen Design-Objekte und auch -Systeme letztlich einer Gestalt, die in der konkreten Entwurfsphase definiert wird. Zuletzt wird der Entwurf in die Umwelt implementiert: er wird beispielsweise in industrieller Serienproduktion hergestellt, vermarktet und verkauft.“ (www.wikipedia.de)

Stellen Sie sich vor, Sie erhielten den Auftrag für eine Fernseh- oder Filmproduktion. Ihr Auftraggeber, eine große Sendeanstalt, gibt Ihnen einen groben Umriss für das Anforderungsprofil der Zuschauerzielgruppe und überlässt den Rest Ihrer kreativen Fantasie. Sie haben 90 Minuten Sendezeit. Eine spannende oder zumindest unterhaltsame Story ist gefragt, Regisseur, Schauspieler und Technik müssen angeheuert werden, die Szenen und Drehorte wollen minutiös geplant sein und, last, but not least, entscheidet die Post-Production darüber, ob Story, Bild und Ton ein stimmiges Ganzes abgeben werden. Life-Design ähnelt heute mehr einer Fernsehproduktion als einem schwerfälligen psychologischen Kraftakt.

! ***Hi-Tec-Motivation erweitert Ihren Handlungsspielraum und gibt Ihnen Gestaltungsfreiheit.***

Ich möchte diesen erweiterten Handlungsrahmen mit einem Bild verdeutlichen.

➤ *Stellen Sie sich vor, Sie haben vor einigen Jahren ein Haus gekauft. Ein Großteil Ihrer Ersparnisse und Ihres laufenden Einkommens fließt in die Finanzierung Ihrer Immobilie. In weiser Voraussicht haben Sie oder Ihr Lebenspartner parallel zum Immobiliendarlehen einen Bausparvertrag abgeschlossen. Nun kommt der Tag der Zuteilung, und Sie können einen Großteil Ihres Immobiliendarlehens tilgen. Ihr finanzieller Spielraum ist von nun an wieder um einiges größer. Ich weiß, Vergleiche hinken immer ein wenig, aber wenn Sie regelmäßig ein wenig von Ihrer Lebenszeit in Ihre mentale Bausparkasse einzahlen, sind das in der Zukunft Steine, „auf die Sie bauen können“!*

Technik dient ja einzig dem Zweck, uns das Leben ein wenig angenehmer und leichter zu machen. Zugegeben, nicht jede neue Technologie hält ihr Versprechen. Aber allein die Aussicht, dass Sie statt Ihr Leben und Ihre Probleme nur zu „bewältigen“, anfangen können, Ihre Zukunft mit einem neuen digitalen Medium zu „designen“, sollte Ihre Neugier ein wenig stimulieren.

In der nahen Zukunft warten bereits weitere virtuelle Tools auf uns, mit denen wir unser Vorstellungsvermögen stimulieren können. Vielleicht hatten Sie schon einmal Gelegenheit, einen dreidimensionalen Computerbildschirm zu erleben. Die Objekte werden durch ein spezielles holografisches Verfahren in den dreidimensionalen Raum „gestellt“. Per Mausklick lassen sich die virtuellen Objekte perspektivisch drehen, zoomen oder gar von innen betrachten. Es gibt bereits erste Versuche auf Basis dieser 3-D-Technologie, die es ermöglichen, die einzelnen Objekte wie auf einem Touchscreen durch Berührung zu verändern. Die Einsatzmöglichkeiten wären unbegrenzt. Vom virtuellen Klassenzimmer bis zum holografischen Golf-Pro. Lernen, Trainieren und Persönlichkeitsentwicklung erhalten mit den digitalen Medien eine ganz neue Dynamik und eine faszinierende Dimension. Die Aussage „Was du dir vorstellen kannst, kannst du auch erreichen" eröffnet uns im Kontext der neuen Medien, die alle Sinne multisensorisch ansprechen und anregen, völlig ungeahnte Perspektiven. Was wir dazu brauchen, ist eine gewisse kindliche Naivität und Neugier.

Die Zukunft als spielerisches Neuland zu begreifen, in dem wir experimentieren und ausprobieren können, das ist Life-Design. !

Nur wenn wir diese neue Dimension „be-greifen", können wir uns auch für die neuen Möglichkeiten öffnen, die uns die neuen digitalen Medien bieten. In den vergangenen Jahren ist viel die Rede von der „Wissensgesellschaft". Aber was bedeutet dieses Schlagwort für uns? Lebenslanges Lernen und permanente Veränderung sind weitere Wortspiele, mit denen uns suggeriert wird, dass die Zukunft sehr unbequem wird, ohne das Ruhekissen, sich auf dem Erreichten irgendwann einmal ausruhen zu können, ob als Abteilungsleiter oder Geschäftsführer. Diese Zukunftsvorstellungen setzen uns enorm unter Druck, weil sie uns verunsichern. So setzt sich die Stressspirale auch mental weiter fort, und es scheint kein Entrinnen zu geben. Natürlich brauchen wir Herausforderungen, denn sonst wäre das Leben langweilige Routine. Aber wer erklärt uns, wie die neue Wissensgesellschaft funktionert und wie wir uns darin zurechtfinden? Der Schlüssel, um in der Zukunft erfolgreich zu navigieren, liegt in Ihnen selbst. Denn Ihr Gehirn ist bestens auf die Herausforderungen von morgen vorbereitet. Vorausgesetzt, Sie nutzen es intelligent. Die Gehirnanatomie ist so komplex, als hätte die Natur geahnt, dass wir in einer sehr komplizierten Welt leben werden. Wie wichtig dem Gehirn die Zukunft ist, wird auch daran deutlich, dass es einen ganzen Bereich für unsere Simulationen reserviert hat. Denn das Drehbuch unseres Lebens wird im Stirnlappen geschrieben. Dieses Areal des Großhirns sitzt direkt hinter der Stirn, weshalb man ja auch zu Recht von der „Denkerstirn spricht". Vom Stirnlappen gehen weit verzweigte Nervenbahnen in die tiefer liegenden Schichten des Gehirns. Unsere Visionen und Simulationen aus dem Stirnlappen füttern quasi den emotionalen und motorischen Bereich mit bewussten Impulsen. Diese Gestaltfunktion kann aber ohne ein Drehbuch nur wenig bewirken. Nach dem Sinn Ihres Lebens zu fragen, ist wie der Zündschlüssel im Zündschloss. Es genügt ein Initialfunke, und der Motor springt an. In diesem Fall trifft der Vergleich sogar verblüffend exakt die Wirklichkeit. Denn die

Gehirnzellen, „feuern" mittels der Botenstoffe so lange in andere Bereiche des Gehirns, bis eine Reaktion erfolgt. Ist der Motor erst einmal in Fahrt und sind die Ziele im Navigator eingegeben, geht der „Rest" relativ leicht.

Eine Lebensvision zu entwickeln setzt also einen sehr komplexen neuronalen Strukturierungsprozess in Gang. So, wie Eisenspäne unter dem Einfluss eines Magneten sich zu einer neuen Ordnung fügen, wirken Sinngebung und Ausrichtung auf die Gehirnaktivitäten und erzeugen eine neue übergeordnete Prozesslogik bei der Verarbeitung von Reizen.

Mit Hi-Tec-Motivation können Sie diesen sinnstiftenden Erkenntnisprozess quasi „aussitzen". Je nach Ausgangssituation und persönlicher Motivation kann die Inkubationszeit für diese Entdeckungsreise in das eigene Ich eine gewisse Zeit in Anspruch nehmen.

Ihre Lebensvision ist wie ein persönliches Drehbuch für Ihre Zukunft

Freunden wir uns mit einem weiteren Anglizismus an. *Storyboard* ist in der modernen Filmproduktion ein wichtiger Begriff in der Vorbereitungsphase zu den Dreharbeiten eines Films. Bevor ein Film gedreht, ja bevor überhaupt eine Szene dargestellt werden kann, müssen die einzelnen Szenenelemente aus dem Drehbuch minutiös in das Storyboard übertragen werden. Diese Phase der Filmproduktion legt die detailgetreue Umsetzung der Ideen des Drehbuchautors fest. Die Szenenbilder werden von einem Grafiker in einzelne Bildfolgen zerlegt. Das Ganze ähnelt dann eher einem Comic-Roman mit ausgiebigen Kommentaren und Dialogen.

➤ *Nehmen wir eine typische Happy-End-Szene am Ende eines Liebesfilms. Die beiden Hauptdarsteller liegen sich in den Armen, im Hintergrund versinkt am Horizont in tiefem Rubinrot die Sonne im Meer, über den Horizont bewegt sich langsam die Silhouette eines Segelbootes, die Titelmelodie wird sanft eingeblendet, während das Paar sich leise eine Liebeserklärung ins Ohr haucht. Im Kino ist das meist der Moment, wo man die Dunkelheit nutzt, um noch einmal schnell zum Taschentuch zu greifen, bevor das Licht im Saal angeht. Wenn wir uns das Storyboard für diese Schlussszene ansehen könnten, mit den Kommentaren und Bemerkungen zum Verlauf, würde zunächst nicht viel von der Romantik übrig bleiben. Filme leben jedoch von der perfekten Feinabstimmung bewusst ausgewählter audiovisueller Komponenten. Oft sind es nur Details, die in uns eine bestimmte Stimmung auslösen. Eine romantische Szene ohne Musik oder eine Actionszene ohne das Klirren von zerberstendem Glas wäre nur halb so emotional. Jede einzelne Komponente muss also zum gewünschten Gesamteindruck beim Zuschauer beitragen und, was noch wichtiger ist, sie muss im Gesamtverlauf des Films einen Sinn ergeben und die Geschichte weiterbringen bis zum Happy End.*

Die Entwicklung Ihrer Lebensvision verläuft nach einem ganz ähnlichen Muster. Die ideelle Grundlage bildet Ihr Lebenssinn, der Filmtitel, aus dem sich Ihre Lebensaufgabe ableitet, die Story. Diese Aufgabe ist nichts anderes als die Antwort auf Ihr inneres Potenzial, also Ihre Möglichkeiten, die sich aus Ihren Fähigkeiten, Talenten, Ihren Neigungen und Ihrem Wissen ableitet. Hier stoßen wir wieder auf den Unterschied zwischen Lebensbewältigung und Lebensgestaltung. Bewältigung ist das alte Konzept, das eng mit der Idee verknüpft ist, die menschliche Psyche sei zu komplex, um sich von den durch Erziehung und soziokulturelle Einflüsse resultierenden Begrenzungen zu befreien. Wenn ein Änderungsprozess überhaupt möglich sei, so nur unter Anleitung von Therapeuten und unter langwierigen mühsamen und schmerzhaften Erkenntnisprozessen. Sicher hat diese psychologische Vorstellung im klinischen Bereich eine gewisse Berechtigung. Menschen mit stark belastenden Kindheitserlebnissen oder nach einem Schockerlebnis, wie dem Tod eines Partners, können durch ein Trauma die Fähigkeit verlieren, auf ihre seelischen Abläufe einzuwirken. Genetisch bedingte Stoffwechselerkrankungen können Depressionen verursachen, die so stark sind, dass sie nur durch Medikamente und Langzeittherapien zu bewältigen sind.

Für die meisten Menschen trifft dieses psychologische Profil jedoch nicht zu. Sie stehen im Alltag ihren Mann oder ihre Frau und „funktionieren" normal. Ihr einziges psychologisches Problem besteht zumeist darin, dass ihnen niemand gesagt hat, dass sie ein Recht darauf haben, ihrem Leben einen Sinn und eine Richtung zu geben, die sie selbst bestimmen können. Niemand hat ihnen mit auf den Weg gegeben, dass es Techniken gibt, mit denen sie diese Sinnsuche und Ausrichtung systematisch und zuverlässig gestalten können. Im Grunde leben wir wie mentale Analphabeten ohne jegliche Selbstkontrolle und wundern uns dann, wenn uns die Lebensumstände im Laufe unseres Lebens irgendwann entgleiten. Wenn wir aus diesem

Käfig ausgebrochen sind, kommt dies einer Zäsur gleich. Wir spüren es wie einen Ruck, der etwas in unserem Inneren zurechtrückt. Es müsste sich demnach ein neuer Horizont öffnen, wie ein unbeschriebenes Kapitel in unserem Lebensdrehbuch. Wenn wir diese persönliche Freiheit als Grundgefühl annehmen, dann wird der Unterschied deutlich zwischen einem selbst bestimmten Leben und einem Dasein, das von anderen, meist von den „Umständen", bestimmt wird.

Einer Vorstellung von einem erfolgreichen, erfüllten Lebensweg sollte also ein Gefühl von Freiheit vorausgehen. Das, was da an Lebenszeit vor mir liegt, ist in meiner Hand! Meinem Kindern flüstere ich abends oft einen „Gute-Nacht-Gruß" ins Ohr: „Morgen ist ein neuer Tag mit neuen Abenteuern und neuem Glück, träumt schön!" Sie sollten mal sehen, wie sie sich am nächsten Morgen für die neuen Abenteuer rüsten!

Was ist alles passiert in den Jahren bis zum Erwachsenwerden, dass unsere Erwartungshaltung an den nächsten Tag so niedrig ist, dass die meisten sich schon beim Aufstehen überfordert fühlen und sich am liebsten wieder im Bett umdrehen, um weiter zu schlafen? Würden wir jeden Morgen mit dem Gefühl aufwachen, dass wirklich ein neues Abenteuer auf uns wartet, würden wir den Tag mit einer ganz anderen Energie beginnen.

Eine Lebensvision, die sich an unserem inneren Potenzial aufrichtet, kann solch ein Lebensgefühl erzeugen. Und dieses Gefühl kann die Strategien, die Sie aus dieser Vision für Ihren Alltag ableiten, auch in stürmischen Zeiten nähren und Sie auf Kurs halten, wenn mal nicht alles glatt läuft. Ich will nicht behaupten, dass ich jeden Morgen begeistert aus dem Bett springe. Ich bin Spätaufsteher, eine Eule, die nachtaktiv ist und morgens gerne eine Extrarunde in den Federn dreht. Dennoch stehe ich für gewöhnlich um 6.30 Uhr auf. Nachdem die Kinder aus dem Haus sind, stelle ich mich barfuß auf den kühlen, feuchten Rasen in unserem Garten und „pflücke den Tag" mit ein paar energetischen Körperübungen. Ohne meine Lebensvision als Energielieferant könnte ich mich zu solchen Ritualen nie überwinden, da ich von Natur aus ein recht bequemer Mensch bin.

Vielleicht fragen Sie sich, was mein Morgenritual mit Ihnen zu tun hat? Nun, blicken Sie einfach morgens auf dem Weg ins Büro einmal um sich und sammeln Sie nur so zum Zeitvertreib „Visionäre". Blicken Sie in die müden, blassen Gesichter, und versuchen Sie intuitiv zu erspüren, was die andere Menschen heute Morgen aus den Federn in die Arbeit getrieben hat. Der überzogene Dispositionskredit, die Ansprüche des Partners, die nächste Hausrate oder eine Lebensvision und das Gefühl, ein Abenteuer vor sich zu haben, einen Tag voller neuer Möglichkeiten, die eigene Lebensvision zu verwirklichen? Ich verspreche Ihnen aufregende Zeiten auf dem Weg zur Arbeit. (Sie können diese Übung natürlich in Ihrem Büro mit Ihren Kollegen, Ihren Mitarbeitern oder Ihren Vorgesetzen weiterführen, aber ich rate zur Vorsicht!)

Ein Team, das von einer gemeinsamen Vision angetrieben wird, erlebt übrigens etwas ähnliches wie eine Sportmannschaft, die sich auf einen wichtigen Wettkampf vorbereitet. Menschen, die von einer Vision geleitet sind, verspüren, was wir bereits als „Flow" kennen gelernt haben. Sie sind unterwegs und werden getragen von Energie, die dem Leben eine ganz andere Qualität gibt als das Leben, das sich komfortabel in den Routinen der Komfortzone bewegt. Der Abenteuerdrang ist eine so genannte „limbische Instruktion", ein Impuls auf der Festplatte, den uns das Leben mitgegeben hat. Wir müssen also diesem Impuls nur ein klein wenig die Tür öffnen.

Wenn wir den Mut haben, ein Lebensziel zu formulieren, eine Art geistigen Leitstern, auf den wir uns im Laufe unseres Lebens zubewegen, ergibt plötzlich alles, was geschieht, einen Sinn. Es entsteht ein Spannungsbogen zwischen der Gegenwart, dem Augenblick und der Zukunft. Die Wirkung solch einer positiven Erwartung kennen wir aus der Geschichte. Denken wir an den Zug des Volkes Israel durch die Wüste ins gelobte Land. Ohne die Verheißung, die die Israeliten immer wieder beschwören mussten, wäre das ganze Unterfangen sicher im „Sande verlaufen".

Wenn Sie beginnen, sich mit diesen grundlegenden Themen Ihres Lebens zu beschäftigen, merken Sie auch, wie weit weg unsere betrieblichen Zielsetzungsrituale von einer lebendigen Lebensgestaltung noch sind. Unser Nervensystem wird nicht von Quartalszahlen beeindruckt, unsere Motorik nicht von Kennzahlen bewegt.

Wir brauchen Sinnhaftigkeit und eine klare Vorstellung unserer persönlichen Lebenszukunft, um dauerhaft motiviert zu sein. !

Ein Mitarbeiter, der nur aus Angst, seinen Job zu verlieren, seine „Zielvorgaben" erfüllt, ist weder motiviert noch langfristig interessiert, sich und sein Potenzial einzubringen. Er „bewältigt" zwar seine Aufgaben, aber er wird nie Initiative zeigen oder gar über die gestellten Anforderungen hinaus Engagement bringen. Hier stoßen wir auf einen weiteren Aspekt der Lebensvision: Loyalität. Menschen ohne inneren Halt spiegeln diese fehlenden Wurzeln auch im Äußeren wider. J. C. Collins und J. I. Porras veröffentlichten 1994 eine der größten Grundlagenstudien über den Erfolg von Unternehmen. Die Studie bestätigt, dass visionäre Unternehmen mit Abenteuergeist eine enorme Ausstrahlung haben. Dieser Spirit wirkt sowohl nach innen als auch nach außen und zieht entsprechende Menschen an. Collins und Porras fanden auch heraus, dass die Ertragskraft visionärer Unternehmen bis zu siebenmal höher ist als bei vergleichbaren Unternehmen.

Ein persönliches Storyboard für Ihr Leben zu entwerfen ist im Grunde gar nicht so schwierig. Hier gilt wie bei der Sinnfrage: Nehmen Sie sich Zeit, und lassen Sie sich inspirieren. Die Begleit-CD wird Sie auch in diesem weiteren Schritt hin zu Ihrem persönlichen Life-Design unterstützen. Die Affirmationen auf der CD sind didaktisch so aufgebaut, dass Sie Ihre persönliche Ausrichtung Schritt für Schritt konkretisieren können. In dieser Einstimmungsphase wäre ein Erfolgszwang kontraproduktiv. Lassen Sie sich mit dem Erfolgsdesign Zeit. Gehen Sie gelassen vorwärts, und genießen Sie Ihre persönliche Findungsphase ganz bewusst.

In Erfolgsseminaren erlebe ich immer wieder, dass dieser Selbstfindungsprozess nur schematisch durchgespielt wird, ohne dass es zu echten Selbsterkenntnissen kommen kann. Was nützen komplexe Zielvereinbarungen, wenn ich mir nicht wirklich Zeit nehme, zuerst über den Sinn und Zweck meines Tuns nachzudenken? Das sind dann oft Elfenbeintürme und Sandburgen, die dem Alltag kaum standhalten.

Mit den Entspannungsübungen auf der CD können tiefere Einsichten erfolgen, denen Sie nachgehen können. Neue Aspekte zu Ideen und Vorstellungen können entstehen, oder ein neuer Pfad tut sich auf, um ein Vorhaben zu konkretisieren. Wenn Sie in Ihrem eigenen Tempo und Rhythmus vorangehen, werden Sie sich selbst dabei auch näher kommen. Der Weg ist das Ziel!

5 Life-Balance – Work smart, not hard

Vielleicht gelingt es Ihnen, mit Unterstützung der Übungen auf der CD sich für den Anfang einfach täglich ein paar Momente der Besinnung und der Innenschau zu reservieren. Einen Gang runterschalten, kleine Pausen der Inspiration einlegen und einfach nur beobachten und tagträumen. Wenn Sie sich in den nächsten Wochen öfter bei diesen kleinen Ruheinseln erwischen, kann es sein, dass Sie vielleicht ein schlechtes Gewissen bekommen. Ich kann Sie beruhigen, Sie sind auf dem richtigen Weg. Denn Life-Designer sind Lebenskünstler, die sich ganz bewusst Zeit für Muße und Inspiration nehmen.

Sicher werden Sie sich fragen, ob das schon ausreicht. Machen uns ein paar kleine Pausen und Stressbremsen schon zum Life-Leader? Nun, zugegeben, das wäre wohl ein wenig zu einfach. Denn unsere Arbeit macht sich bekanntlich nicht von selbst.

Das moderne Zauberwort für einen ausgewogenen Lebensstil heißt Life-Balance. Der Begriff ist noch relativ neu und wird oft missverstanden. Manche verstehen darunter, einfach weniger zu arbeiten und sich mehr Auszeit zu gönnen. Andere denken gar, Life-Balance sei ein Modewort für Aussteiger, die sich ganz aus unserem Leistungsprinzip verabschieden wollen. Das alles mag in Teilaspekten mit Life-Balance zu tun haben. Dennoch beschreibt der Begriff in Wirklichkeit nur ein anderes Konzept, um unser Leben und Arbeiten besser zu organisieren. Ich möchte es so formulieren:

Das alte Leistungsprinzip, auf dem unsere Arbeitswelt bisher aufbaute, stellt Arbeit und Leistung ganz oben in der Werteskala. !

Mit anderen Worten: Nur wer sein Soll erfüllt, hat Ruhe verdient. Doch im Zweifelsfall geht die Arbeit, die Leistung vor. Sinnfragen, innere Werte und das eigene Erleben spielen in dieser Leistungspyramide eine untergeordnete Rolle.

Zeitmanagement-Experten beraten seit vielen Jahrzehnten Manager darüber, wie sie ihre Zeit effektiver nutzen, um mehr zu leisten und bessere Resultate zu erzielen. Erst in den vergangenen Jahren hat sich im Zeitmanagement die Erkenntnis durchgesetzt, dass Zeit eigentlich gar nicht zu managen ist. Es wäre ungefähr so, als würde man die Schwerkraft „managen“ wollen. Im Grunde lassen

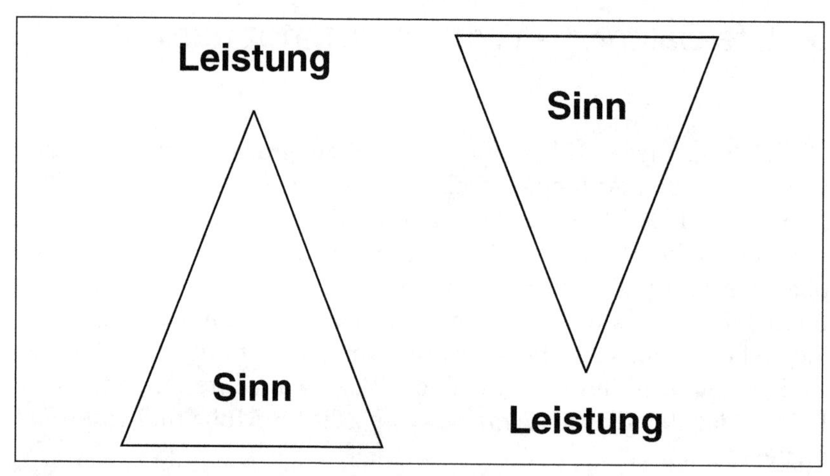

Abbildung 6: Leistungspyramide

sich nur unsere Aktivitäten managen, also das, was wir mit der Zeit anstellen, die wir zur Verfügung haben. Zeitmanagement war wie alle anderen Management-Systeme im 20. Jahrhundert sehr vom logischen Denken der linken Gehirnhälfte geprägt. Mit ausgefeilten Planungsinstrumenten und Checklisten versuchte man, die Arbeitszeit so effektiv wie möglich zu berechnen, organisieren und zu planen. Das Prinzip hieß: Mehr erreichen in weniger Zeit. Wer sich besser organisiert und eine gewisse Zeit des Tages für Ziel- und Aufgabenplanung reserviert, sollte die Nase vorn haben. Dieser quantitative Ansatz wandelte sich in den letzten Jahren hin zu einem stärker qualitativen.

Life-Balance ist ganzheitliches Zeitmanagement

Steven R. Covey, einer der wichtigsten Managementtrainer der Welt, hat mit seinen Büchern den Wandel des modernen Zeitmanagements maßgeblich mitgestaltet. In seinem Bestseller „Die 7 Wege zur Effektivität“ empfiehlt er seinen Lesern: „Machen Sie Schluss mit dem Dringlichkeitswahn, stellen Sie die wesentlichen Dinge des Lebens in den Vordergrund.“

Das ganzheitliche Leistungsprinzip funktioniert also grundsätzlich anders als das alte „Schaffe, schaffe, Häusle baue“. Zum einen stellt es an uns eine gestalterische Aufgabe. Wir müssen unserem Leben selbst Sinn und Richtung geben, anstatt auf „Anweisungen von oben“ zu warten. Dies gibt unserer Individualität Raum und stärkt unsere Persönlichkeit. Zum anderen bedeutet Life-Balance, dass wir unser Leben im Spannungsbogen zwischen Muss und Muße organisieren. Einen Gleichgewichtssinn für unser Leben und unsere Befindlichkeit zu entwickeln fordert von uns eine gewisse Sensibilität. Niemand außer Ihnen selbst kann spüren, wann Sie mit sich im Gleichgewicht sind. Diese Sensitivität fordert und fördert ganzheitliches intuitives Denken. Wir sehen, auch hier wandeln sich durch die Öffnung zum ganzheitlichen Denken allmählich die Strukturen.

Für modernes ganzheitliches Zeitmanagement und eine intelligente Lebens- und Aufgabenplanung möchte ich auf die wirklich exzellente Literatur von Lothar Seiwert verweisen. Meines Wissens hat kein anderer Autor diesen Paradigmenwechsel im Management-Training so brillant und auch für Laien nachvollziehbar dargestellt. Meine Einstellung zum Thema Zeitmanagement war ursprünglich stark geprägt vom Bild des gestressten Managers, der ständig mit seinem Zeitplaner hantiert und an dem das Leben vor lauter Planung und Terminen einfach vorbeirauscht.

Ganzheitliches Zeitmanagement schafft Synergien statt Resultate. **!**

Ein ganz wichtiger Vorbehalt der „alten Schule“ gegenüber dem Thema Life-Balance ist, dass es die Arbeitsergebnisse schmälert. Auch hier wirken wieder eingespielte lineare Strategien. Nur wer konsequent von A nach B unterwegs ist, wird sein Ziel auch erreichen. Das mag für den ICC von Hamburg nach Hannover stimmen. Wir Menschen sind jedoch so komplex in Beziehungsgeflechte eingebunden, dass sich sehr vieles, was uns einem gewollten Ergebnis näher bringen soll, einfach „ereignet“, ohne dass man die Erfüllungsstrategie perfekt planen könnte. Wie soll man beispielsweise auf einer Fachmesse, auf der sich Tausende von Menschen hin und her bewegen, positionieren, um die richtigen Personen zu treffen? Natürlich sollte man als Unternehmen einen Messestand haben, der während der Öffnungszeiten besetzt ist. Aber wie oft passiert es, dass sich ein Geschäft jenseits der offiziellen „Points of Sale“ anbahnt? Um solch eine Situation nicht ganz dem Zufall zu überlassen, benötigt man schon eine gewisse Intuition. Oder einen Partner, der solchen Zufällen ein wenig nachhilft und vielleicht ein wenig Raum für Muße schafft.

Wie bereits kurz erwähnt, haben wir gemeinsam mit unserem Messepartner STB eine Relax-Insel entwickelt, die Vitality World, ein

Ort für Muße, Inspiration, Gespräch und Entspannung. Eine Oase frei von der Hektik der Messe mit Lounge-Bereich, Tee- und Kaffeebar und einer Ruhezone. Nach anfänglicher Skepsis finden hier in entspannter Atmosphäre nun immer häufiger Geschäftsanbahnungen statt. Viele Messen haben inzwischen das Lounge-Konzept aufgegriffen. Der Messebesuch wird so immer mehr zu einem ganzheitlichen Erlebnis. In dieser Atmosphäre entstehen völlig neue Synergien und Querverbindungen zum Messeerfolg.

Ich möchte dies nur als konkretes Beispiel erwähnen, um zu verdeutlichen, dass Ganzheitlichkeit kein Verlust an Effizienz bedeuten muss. Denn Komplexität lässt sich ganzheitlich erfolgreicher managen.

Life-Design funktioniert nur mit Life-Balance

Komplexe Systeme wie eine Messe oder gar ein ganzes Unternehmen zu verändern ist eine langwierige Sache. Change-Prozesse, wie man Veränderungen in Organisationen heute gerne nennt, sind nicht unbedingt beliebt bei den Menschen, die von den Neuerungen betroffen sind. Diese Abneigung ist übrigens keine inhaltliche Wertung. Sie gilt gleichermaßen für positive wie negative Veränderungen. Hier meldet sich schlichtweg unsere Komfortzone, die das Alte bewahren möchte. Eine sehr erfolgreiche Management-Technik, die es versteht, Veränderung als Prinzip in die Unternehmenskultur zu integrieren, ist das japanische Kaizen. Hinter dieser kryptischen Formel steht die Idee der fortwährenden Veränderung. Denn es fällt dem Menschen leichter, sich an Neues zu gewöhnen, wenn er sich in kleinen Dosierungen langsam an Veränderungen gewöhnen kann.

➤ *Wer regelmäßig mit dem Computer arbeitet, dem wird kaum noch auffallen, dass er fast wöchentlich kleine „Updates" über das Internet erhält. Diese neuen Softwarekomponenten werden über eine automatisierte Routine in die bestehende Arbeitsumgebung eingespielt. Da die Arbeitsoberfläche der Software und ihre Grundfunktionen erhalten bleiben, erleben wir die neue Komponente als Teil unserer gewohnten Arbeitsabläufe. Die neuen „Features" werden beim ersten Aufruf durch kurze Hilfetexte erläutert. Meist vereinfachen Sie die Arbeit mit der Software, verkürzen Arbeitsschritte oder verbessern das Ergebnis.*

Ähnlich können Sie sich die Wirkung von Hi-Tec-Motivation auf Ihre Alltagsroutinen vorstellen. Die Veränderungen sind zielgerichtet und kommen in kleinen Schritten, die Sie leicht in den Alltag integrieren können. Wenn Sie gewohnt sind, Ihren Arbeitstag sehr strukturiert zu planen, würde Ihnen die Erkenntnis, dass kreative Freiräume Ihre Arbeitsergebnisse qualitativ und quantitativ verbessern könnten, zunächst nur wenig helfen. Ihr ganzes Leben nur aufgrund eines Aha-Erlebnisses umzukrempeln, kann sehr riskant sein und womöglich mehr irritieren als nützen.

Wenn Life-Balance als Teil Ihres Life-Designs in Ihr Leben tritt, werden es immer Mikroschritte sein, die Sie gehen. Die Handlungsimpulse werden wohldosiert und „intelligent" Ihre alten Gewohnheiten verändern. Denn das faszinierende an neuronalen Lernprozessen ist, dass sie eine ganzheitliche Erfüllungsstruktur entwickeln. Ich spreche hier ganz bewusst eine technische Sprache, da die Abläufe im Gehirn bei der Umsetzung von Zielen mit Hi-Tec-Motivation sehr den Prozessen bei künstlicher Intelligenz ähneln. Mit dem Unterschied, dass sie nicht nur eine begrenzte Anzahl an Faktoren „berechnen". Das Gehirn kann potenziell alle Realitätsfaktoren in seine Simulationen und Strategien einbeziehen, vorausgesetzt, wir geben ihm den nötigen Input.

Life-Balance richtet Ihre Aktivitäten intelligent an Ihrem Potenzial aus

Das ist für klassische Routiniers starker Tobak. Hartes Arbeiten soll weniger bringen als sich intelligent zu organisieren? Es sprechen einige statistische Daten für diese These. Dr. Thomas J. Stanley, einer der führenden Sozialwissenschaftler der USA, veröffentlichte eine der bedeutendsten Studien über die Einkommensmillionäre der USA in seinem Bestseller „The Millionaire Mind". Auf die Frage, welche Erfolgsfaktoren den wirtschaftlichen Erfolg der amerikanischen Millionäre ausmachten, wurde der Faktor „harte Arbeit" erst an fünfter Stelle genannt. Während Persönlichkeitskomponenten wie Selbstdisziplin, Ehrlichkeit und „gut mit anderen auskommen" die ersten Plätze der Erfolgsfaktoren-Liste belegten. Der Faktor „Selbstdisziplin" wurde in diesem Zusammenhang ganzheitlich definiert als Fähigkeit, mentale und seelische Prozesse positiv zu beeinflussen, um genügend Energie für die Umsetzung der eigenen Ziele zu mobilisieren.

„Hart arbeiten“ heißt für gewöhnlich „viel arbeiten“. Smartes Arbeiten bedeutet intelligent und kreativ seinen Job tun. Natürlich bedeutet diese Erkenntnis nicht unbedingt, gleich eine Bürorevolution anzuzetteln oder die „Supply Chain“ im Unternehmen abzuschaffen. Wenn wir jedoch davon ausgehen, dass unsere Arbeits- und Organisationsstrukturen ein Abbild unserer Denkgewohnheiten sind, wird doch ganz klar, dass wir mit der „smarten“ Systematik noch ganz am Anfang stehen. Veränderungen über den Zaun zu brechen hieße, das Kind mit dem Bade ausschütten. Mitunter können kreative Rahmenbedingungen auch auf ganz ungewöhnlichen Wegen eingeführt werden.

➤ *Eine Postverteilungsstation in den USA konnte nach einer eingehenden Untersuchung der Arbeitsbedingungen die Produktivität durch eine ganz simple Maßnahme dauerhaft erhöhen. Die Angestellten saßen am frühen Morgen vor Sonnenaufgang an den Postfächern. Billige Neonröhren sorgten für ein kaltes, fahles Licht. Die Angestellten konnten das Entziffern und Zuordnen der Briefadressen nur sehr langsam bewältigen und klagten über brennende Augen und Kopfschmerzen. Nach einer eingehenden Analyse ersetzte die Niederlassungsleitung die billigen Neonröhren durch Vollspektrumröhren. Diese spezielle Art von energiesparenden Leuchtstoffröhren decken ein wesentlich breiteres Lichtspektrum ab und ähneln in ihrer Lichtwirkung der natürlichen Sonnenstrahlung. Innerhalb weniger Tage nach der Installation nahm die Produktivität und Stimmung in der Verteilerhalle spürbar und anhaltend zu.*

Die Mitarbeiter der Postverteilerstation erhielten sicher keine Coachings oder Seminare zum Thema Life-Balance. Dennoch änderte sich das gesamte Arbeitsklima durch eine so simple Maßnahme wie dem Austausch von Leuchtmitteln innerhalb weniger Tage nachhaltig. Wenn man bedenkt, dass es besonders im Winterhalbjahr kaum einen Arbeitsplatz in Deutschland ohne künstliches Licht gibt und die meisten der verwendeten Leuchtstoffröhren alles andere als produktive Gefühle in uns auslösen, kann man sich vorstellen, welche Umbaumaßnahmen uns insgesamt bevorstünden, wenn wir uns der Themen Wohlfühlen und Arbeitsproduktivität ernsthaft zuwenden würden.

Zunächst müssen wir uns aber wohl darauf beschränken, unser eigenes direktes Umfeld positiver zu gestalten und sensibler für die Erfolgsfaktoren in unserer Umwelt zu werden. Die Antennen ausfahren, den täglichen Smalltalk mit der Idee anreichern, dass Leben und Arbeiten kein Widerspruch ist und immer wieder ausscheren, um kleine „Updates“ für mehr Lebensfreude zu tanken. Life-Balance ist zwar schon eine Modeerscheinung, aber exotisch bleibt sie in unserem Leistungsumfeld gerade auf Führungsebene allemal. Das zu akzeptieren, ist gerade für Führungskräfte und Personalentwickler mit einem gesunden Sinn für die Realität wichtig. Denn Strategien für ein gesünderes und produktiveres Arbeiten müssen in der heutigen Wirklichkeit fußen. Und Fakt ist, dass in unserer gesellschaftlichen Wertehierarchie Arbeit und Leistung immer noch ganz oben stehen. Welch große Wirkung Werte auf unsere Lebensgestaltung und Zielsetzungen haben, werden wir in einem späteren Kapitel noch genauer beleuchten.

Wenn Sie aktuell das Bedürfnis verspüren, sehr konkret und systematisch Ihre Alltagsroutine an den Life-Balance-Prinzipien auszurichten, wird Ihnen vielleicht der Text auf der CD nicht ausreichen. Ich empfehle Ihnen in diesem Fall eine systematische Einführung mit der Seiwert Lifebalance Toolbox. Weitere Tipps und Kontakte finden Sie im Anhang. Eine zusätzliche Möglichkeit, Ihre persönlichen Ziele konkreter anzugehen, ist eine individuell für Sie angefertigte CD mit Hi-Tec-Motvation. Diese Option ist allerdings nur sinnvoll, wenn Sie bereits mit konkreten Zielvorgaben an diesem Entwicklungsthema arbeiten. Eine persönliche CD kann Sie in diesem Fall sehr spezifisch bei der Umsetzung Ihrer Zielsätze unterstützen. Im Praxisteil werden wir uns noch eingehender mit dieser Möglichkeit beschäftigen.

Ich möchte an dieser Stelle ganz bewusst auf Tipps zur Ausgestaltung einer persönlichen Agenda zur Life-Balance verzichten und auf die vorhandene Literatur verweisen. Wichtiger ist mir, dass wir uns über den Zusammenhang zwischen unserer Alltagsroutine und unseren Denkgewohnheiten und Einstellungen bewusst werden. Eine Ausbilderin der renommierten Robinson-Wellness-Clubs fasste es folgendermaßen zusammen: „When work is a pleasure, life is a joy!“ Meine Zielvision für unseren Arbeitsalltag ist ähnlich einfach: Wenn wir abends mit mehr Energie und Vitalität nach Hause kommen, dann sind wir eine Gesellschaft, die eine echte Work-Life-Balance lebt. Auch wenn der Workaholic heute noch die dominierende Spezies auf unserem Planeten ist, den Life-Designern gehört die Zukunft, wetten?

6 Make it easy and simple – oder: Von der Kunst, Ballast abzuwerfen

Dass auch christliche Seelsorge mit Lifestyle publizistisch erfolgreich sein kann, zeigt nicht nur die die langjährige Lebensberatungs-Talkshow „Fliege" des evangelischen Pfarrers Jürgen Fliege. Zwischen 1994 und 2005 gehörte die in der Öffentlichkeit teils sehr kontrovers diskutierte Sendung mit zum stärksten Publikumsmagneten des deutschen Fernsehens. Als Berater hatte ich vor einigen Jahren Gelegenheit, hinter die Kulissen der Fliege-Produktion zu sehen. Vielleicht ist es ja ein neuer Trend, der christlichen Botschaft jenseits klerikaler und evangelikaler Dogmen mit einem innovativen Marketing zum Erfolg zu verhelfen. Denn Werner Küstenmacher, ebenfalls ein evangelischer Theologe, landete mit Unterstützung von Lothar Seiwert einen Dauerbestseller. Ihr Buch „Simplify your life" war seit seinem Erscheinen 2004 fast ununterbrochen in den Bestsellerlisten zu finden. Das Buch offenbart eine Fülle an Tipps für die moderne Lebensbewältigung. Die Philosophie der Autoren: Vereinfachen Sie Ihr Leben, und werfen Sie Ballast ab. Das Simplify-Konzept setzt ganz gezielt einen Kontrapunkt zur wachsenden Komplexität im Alltag. Wie stark die Nachfrage nach einfachen Rezepten für ein besseres Leben ist, zeigt der Erfolg der Marke „Simplify". Ein wahrer Berg an Merchandising-Produkten versorgt die Anhänger der Simplify-Methode mit allen nur erdenklichen Produkten und Services rund um das Thema „Lebenshilfe leicht gemacht".

Jede Marke entwickelt ihren eigenen Mythos. Und was für Trendartikel wie Schmuck, Parfum oder Mode gilt, wird heute auch im Lifestyling groß geschrieben. Ich erwähnte bereits den Trend, weg von der Schwere der therapeutischen Psychologie, hin zu Wellness und Life-Design. Natürlich ist das moderne positive Lebensgefühl, das uns eine ganz neue Generation an „Lebensstilberatung" anbietet, nicht zum Nulltarif zu haben. Trendige Werbekampagnen von Lebensmittelherstellern suggerieren zwar gerne, dass wir nur die richtige Lifestyle-Margarine oder den Wellness-Yoghurt im Kühlschrank parat haben müssen, und alles geht wie von selbst. Es ist sicher richtig, dass eine ausgewogene Ernährung viel zu einem gesunden Stoffwechsel und damit zum Wohlbefinden beitragen kann. Doch jede Diätassistentin weiß heute, dass Wohlbefinden und Wunschfigur etwas mehr als „leichte Kost" benötigen.

Andererseits ist in einem Land, in dem jeder zweite an Übergewicht leidet, der Körper ein guter Ansatzpunkt für Veränderungen im Lebensstil. Wer möchte nicht „sichtbare Erfolge“ erleben und herzeigen? Ganzheitliche Figurkonzepte sind deshalb mehr als trendy. In kaum einer Stadt fehlen diese neuen Schlankheitsstudios, die uns mit schönem Körper und einem Lächeln auf großflächigen Werbebannern in ihren Bann ziehen wollen. Einen vergleichsweise puristischen Ansatz verfolgt dagegen das Kieser Training. Mit seinem Motto „Ein starker Rücken kennt keinen Schmerz“ verzeichnet das Kieser Training in den vergangenen Jahren einen enormen Zulauf. Die Idee, ein Gesundheitsstudio ohne Firlefanz und ablenkendes Interieur zu kreieren, kommt an. Der Schweizer Werner Kieser setzt mit seinem Konzept neue Maßstäbe im gesundheitsorientierten Krafttraining. Auch wenn sein Ansatz umstritten ist, der Erfolg scheint ihm Recht zu geben. Mit einem ausgeklügelten Franchise-System betreibt Kieser bereits 130 Trainingsbetriebe europaweit. Tendenz steigend.

Egal, ob Sie im Figurstudio, im Wald oder im Hobbyraum schwitzen, Fakt ist, dass wir für ein glückliches – oder sagen wir es etwas vorsichtiger „ausgeglichenes“ – Leben ein wenig mehr tun müssen, als sich mental fit zu halten und unsere Lebenszukunft in die Hand zu nehmen. Das Gehirn ist letztlich ja nur Kontroll- und Steuerungsinstrument für den eigentlichen Teil unserer sichtbaren, physischen Existenz. Und unser neuer Einblick in die Virtuosität von zerebralen Höchstleistungen sollte uns nicht darüber hinwegtäuschen, dass unser Körper eben vor allem eins ist: ein Bewegungsapparat.

Es gibt viele Wege und Methoden, sich „besser“ zu fühlen. Ballast abwerfen und sich im wahrsten Sinne des Wortes leichter fühlen, ist wohl der effektivste. Denn alles, was wir an zusätzlichen und meist unnützen Pfunden mit uns herumschleppen, müssen wir auch „managen“. Wenn wir uns vorstellen, dass wir pro Tag nur eine begrenzte Menge an Lebensenergie zur Verfügung haben, wird eigentlich klar, dass wir diese Energiepolster durchdacht einsetzen müssen. Je mehr wir auf die Waage bringen, desto mehr müssen wir uns mit der Anziehungskraft der Erde auseinandersetzen. Denn Kreislauf und Stoffwechsel müssen eine „Extrarunde“ drehen, um uns zu mobilisieren. Sehen wir uns Kinder an, wie leichtfüßig und „unbeschwert“ sie den Tag erleben.

Natürlich sind Lebenskunst und Lebensstil nicht allein vom Gewicht abhängig. Wenn Sie in Ihrem Lebenswerk jedoch etwas Außerordentliches leisten wollen und die Früchte Ihrer Arbeit genießen möchten, geht es leichter einfach besser. Erinnern wir uns an unseren Ideal-User. Er beginnt seinen Tag mit einer traumhaften Soundcollage und bringt sich durch sein Morgenritual in Schwung. Stellen wir uns vor, er würde sich statt der Morgengymnastik gleich an den Frühstückstisch setzen und Kaffee trinken und Brötchen essen und danach gleich in den Autositz wechseln, dann von der Tiefgarage in den Fahrstuhl, in den Bürosessel beim nächsten Kaffee. Hätte sein „Bewegungsapparat" eine echte Stimulanz erlebt, bevor er sich nach einer Sitzung oder einem Meeting in der Cafeteria an einem Schnitzel erfreut?

Je weniger wir uns bewegen, desto schwerer fällt es uns mit der Zeit, eine Grundmobilisierung herzustellen. Unsere Komfortzone schränkt durch die Verkürzung unserer Muskulatur zudem unsere Bewegungsfähigkeit täglich stärker ein. Auch das Herz wird kleiner und verliert an Leistungsfähigkeit. Mit steigendem Gewicht und Körperfettanteil wird es dann zunehmend schwerer, sich durch Zielvorstellungen zu motivieren. Denn jede zielführende Aktivität ist mit Bewegung verbunden.

Hi-Tec-Motivation kann ganz gezielt die Anlaufschwierigkeiten vermindern, wenn Sie zu einem aktiveren Lebensstil zurückkehren wollen. Ich erwähne dieses Thema nicht ganz ohne Berechnung erst an dieser Stelle. Denn ehrlich, neun von zehn Versuchen, den Lebensstil von „passiv" auf „aktiv" umzustellen, scheitern über kurz oder lang. Ihrem inneren Schweinehund ist es ein Hochgenuss, Sie von Bewegungsformen, die Ihnen Energie zuführen und gut tun, abzuhalten. Seine Lockmittel für passive Wohltaten, die Sie in Ihrem Lieblingssitzmöbel (oder auch Lieblingsliegemöbel) genießen können, sind schier grenzenlos. Das ist übrigens auch einer der wichtigsten Gründe, warum wir Hi-Tec-Motivation am liebsten in Massagesesseln zur Schau stellen. Hier können Sie bequem sitzen oder sogar liegen und sich bei einer Rückenmassage entspannen und motivieren. Alles zur gleichen Zeit und mitten in der Komfortzone. Sie glauben gar nicht, wie sehr sich Ihr innerer Schweinehund über diesen „Trojaner" ärgert. Bewegung ist in unserem Biocomputer auf der Festplatte unlöschbar eingebrannt. Es ist nicht untertrieben zu behaupten: „Bewegung ist Leben". Ich würde diese Idee noch ein wenig steigern und behaupten: „Bewegung ist Lebenslust". Wenn Sie nicht zu den Bewegungsaktivisten gehören, sondern es eher bequemer lieben, müssen Sie nicht gleich im nächsten Fitness-Studio Mitglied werden oder sich durch endlose Joggingpfade im Stadtpark quälen. Mit Hi-Tec-Motivation können Sie ganz bequem vom

Sessel aus losstarten. Der virtuelle Coach holt sie dort ab, wo Sie gerade stehen oder sitzen, um Sie dann sanft und in kleinen Schritten in einen aktiveren Lebensstil zu führen.

Wenn Sie ein leichteres, erfüllteres Leben führen möchten, beginnt der erste Schritt mit dem Abwerfen von Ballast. Denn der kostet am meisten Energie. **!**

Eine Vielzahl an wissenschaftlichen Studien zum Sinn und Unsinn von Ernährungsprogrammen zeigt, dass Gewichtsreduktion als Folge von Diätprogrammen nur in Ausnahmefällen dauerhaft von Erfolg gekrönt ist. Es ist wie mit der berühmten Luftblase bei der Verlegung eines Teppichbodens. Ist sie erst einmal da, können Sie sie beliebig in alle Himmelsrichtungen verschieben. Meist hilft dann jedoch nur noch das Messer, um die Beule auszugleichen.

Unser Gehirn entwickelt im Laufe unseres Lebens die unterschiedlichsten Blaupausen. Diese Ideen und Konzepte, so genannte Repräsentationen, bilden unsere mentale Landkarte von der Realität. Mit Hilfe dieser inneren Landkarte navigieren wir durch unser Leben. Einen wichtigen Bestandteil bildet dabei unser Selbstbild oder „Image", das wir von uns selbst haben. Dieses virtuelle, neuronale Spiegelbild entwickelt sich vom ersten Moment unserer physischen Existenz an. Es wird beständig durch unsere Erfahrungen mit der Außenwelt genährt. Eine endlose Feedbackschleife, die sich permanent wiederholt und mit jeder Schleife stärker wird. Erst wenn diese mentale Komponente mit ins Spiel kommt, können Veränderungen an der physischen Persönlichkeit dauerhaft sein. Ganzheitliche Figurkonzepte sehen Bewegung, Ernährung und Einstellung als funktionales Dreieck, das sich gegenseitig stützt und verstärkt.

Natürlich habe ich auf der Begleit-CD dieses Thema nicht ausgelassen. Denn Erfolgsdenken und positive Lebensgestaltung wird von einer leichten, schwungvollen Energie getragen. Und die ist ohne Bewegung und eine ausgewogene Ernährung nicht zu haben.

7 Stärken entdecken – Potenziale entfalten

Worauf basieren Lebensläufe, die von Erfolgsmustern geprägt sind? Wie sind Persönlichkeiten, die Herausragendes oder zumindest Überdurchschnittliches erreichen, strukturiert? Sind sie intelligenter, ehrgeiziger oder gar egoistischer?

Das Gallup-Institut, eines der renommiertesten Beratungsunternehmen der Welt, hat es sich zur Aufgabe gemacht, diese Fragen systematisch zu untersuchen. Die Ergebnisse von mehreren Langzeitstudien bei über einer Million Arbeitnehmern und mehr als 80 000 Managern wurden von Marcus Buckingham und Donald O. Clifton in ihrem Grundlagenwerk „Entdecken Sie Ihre Stärken jetzt" veröffentlicht. Die Untersuchungen bestätigen die Ergebnisse der aktuellen Gehirnforschung auf operativer Ebene am Arbeitsplatz. Fazit: Die persönlichen Stärken und Talente kennen und im Alltag den Raum finden, diese zu entfalten, macht uns erfolgreich. Die Datenerhebung von Gallup zeigte auch, dass diejenigen Unternehmen am stärksten und stabilsten sind, deren Angestellte die Möglichkeit haben, ihre Stärken und Talente sinnvoll am Arbeitsplatz einzubringen. Dies setzt eine Unternehmenskultur voraus, die Interesse am Potenzial der Mitarbeiter hat. Mehr noch müssen diese Potenziale systematisch erkannt und in konkrete Fähigkeiten verwandelt werden.

Hier sind wir wieder am Ausgangspunkt unserer Fragestellung, was macht Erfolg möglich? Wenn wir erfolgreich sein wollen, kann dies nur im Kontext geschehen. Nachhaltiger Erfolg benötigt eine Umgebung, die den Erfolg des einzelnen fördert. Diese Umgebung umschrieb ich als Erfolgskultur. Persönlicher Erfolg benötigt zudem einen persönlichen inneren Kontext. Er muss sich auf etwas, das in mir selbst begründet ist, beziehen. Natürlich bin ich auch „erfolgreich", wenn ich eine mir von außen gesetzte Zielvorgabe erfüllt habe. Aber diese Art von Erfolg hat wenig mit mir zu tun. Es ist ein Erfolg, den ich für jemanden erreicht habe und an dem ich durch eine Vergütung oder Auszeichnung ideell oder praktisch partizipiere. Doch macht mich das Erfüllen von Zielvorgaben anderer nie zu einer „Erfolgspersönlichkeit". Hier ist der Datenbruch zwischen der aktuellen betrieblichen Zielvereinbarung und einer nachhaltigen Erfolgskultur angesiedelt. Diese setzt, wie wir gesehen haben, die Sinnfrage voraus. Warum und wofür schaffe ich Erfolg? Und um die Sinnfrage individuell zu beantworten, müssen wir uns mit unserem Potenzial beschäftigen. Hier lautet die Frage: Was kann ich, und worin bin ich besonders talentiert?

Gallup bietet Unternehmen und Privatpersonen mit dem Strengthsfinder ein einzigartiges Programm, um Potenziale und Talente systematisch zu entdecken. Das Buch ist mit einer umfangreichen Webplattform verknüpft. Es stellt dem Leser nach Eingabe eines ID-Codes eine Selbstanalyse zur Verfügung. Diese anwenderfreundliche Methode ermöglicht es jedem, relativ rasch sein Stärkenprofil zu ermitteln. Es basiert auf 34 Talent-Leitmotiven, die die individuellen Begabungen detailliert beschreiben.

Neurowissenschaftler und Organisationspsychologen scheinen sich also einig zu sein: Eine erfolgreiche Lebensgestaltung basiert demnach auf einer positiven Selbstanalyse. Sobald das Stärkenprofil an eine persönliche Zukunftsvision gekoppelt ist, entsteht eine von innen gesteuerte Entwicklungsdynamik. Wenn meine Gedanken an die Zukunft von der Frage gespeist werden: „Wie kann ich mein Potenzial optimal entfalten und wo dieses sinnvoll einsetzen?“, löst dies eine neuronale Kaskade aus, die positive Simulationen triggert. Anders ausgedrückt: Stärkenprofile sind die besten Handlungsgrundlagen für Erfolge. Doch warum setzt sich diese Erkenntnis nur so schleppend durch? Wieso fühlen sich drei Viertel aller Arbeitnehmer in Deutschland immer noch „fehl am Platz“?

Es scheint, dass die modernen ganzheitlichen Managementansätze sich in der Arbeitsorganisation nicht durchsetzen. Während Technologie und Marketing futuristische Ausmaße annehmen, steckt die Personalentwicklung laut Aussagen von Experten noch im 19. Jahrhundert fest. Doch die Grenzen des Managements liegen in den persönlichen Begrenzungen der Manager begründet. So lange Management und Führung nur als betriebswirtschaftliche Exekutive verstanden werden, bleibt die Förderung des menschlichen Potenzials in Unternehmen Wunschdenken. Was nicht heißt, dass es keine viel versprechenden Ansätze gibt, die erfolgreich umgesetzt werden. Es gibt Unternehmen, in denen das Gros der Mitarbeiter mit Begeisterung, Kreativität und Loyalität Höchstleistungen erbringt. Nur es sind zumindest in Deutschland viel zu wenige, als dass wir bereits von einer neuen Unternehmenskultur sprechen könnten.

Menschen können im Grunde nur Erfahrungen weitergeben. Nur was wir selbst erlebt haben, kann im anderen einen Handlungsimpuls auslösen. Daran scheitert der nächste Entwicklungsschritt hin zu einer wirklichen Erfolgskultur in einer Wissensgesellschaft. So lange unsere Erkenntnisse nur auf abstrakten Simulationen beruhen, die den Weg in die Wirklichkeit nicht meistern, fehlt eine wichtige Erfolgskomponente.

Potenziale entwickeln ist eng mit der Idee des „Empowerment" verknüpft. Ich erwähne dieses Managementkonzept, da es wegweisend für eine nachhaltige Erfolgskultur ist. Geprägt wurde der Begriff unter anderem von Ken Blanchard, dem Autor des „Minuten Managers". Da die Übersetzung ins Deutsche unschöne historische Erinnerungen weckt, hat man wohl auf eine Übersetzung des Begriffs in den deutschen Ausgaben verzichtet. Das deutsche Wort „Ermächtigung" trifft die Idee auch nur zum Teil. Denn der zentrale Aspekt ist der Abschied vom Pyramidenmodell, also von limbischer Instruktionshierarchie. Flache Hierarchien, dezentrale Entscheidungsstrukturen und eine Förderung von Mitarbeiterkompetenzen, das sind die Komponenten, die ein Unternehmen jenseits der alten Organigramme stark machen soll. Blanchard sagt dazu: „Empowerment ist keine Zauberei, es besteht aus einigen wenigen einfachen Schritten und einem langen Atem." (www.kenblanchard.com)

Die ideelle Landschaft für eine gelebte Erfolgskultur ist also klar definiert. Was fehlt, sind veränderte Denkstrukturen, die im Alltag greifen.

➤ *In unserer Workshopreihe „Entrepreneur der Zukunft", die wir für Wirtschaftsverbände entwickelt haben, erlebe ich zu diesem Thema meist ein stark divergierendes Echo. Bei der Frage nach der Zukunftsfähigkeit gehen die meisten Führungskräfte und Unternehmer nicht davon aus, dass die Kenntnis über die angewandte Gehirnforschung für ihr Führungsverhalten relevant sei. Auf einem Kongress eines Jungunternehmerverbandes in einem der neuen Bundesländer weckte mein Versuch, die Teilnehmer spielerisch durch ein einfache Aufgabe mit den Gestaltprinzipien der rechten Gehirnhälfte bekannt zu machen, enorme Widerstände. Das Durchschnittsalter der Jungunternehmer lag bei etwa Anfang dreißig, weshalb ich mich entschieden hatte, ihnen in kleinen Dreier-Teams je ein Kinderüberraschungsei auszugeben. Da die Käuferzielgruppe der beliebten Ü-Eier dem Vorschulalter entstammt, ist die Bastelanleitung für die kleinen Spiele und Figuren in einer einfachen Bildersprache verfasst. Nur wenige Teilnehmer konnten diese Aufgabe mit Humor nehmen. Auch die sofort folgende wissenschaftliche Erklärung über die Gestaltfunktionen der rechten*

Hirnhälfte konnte diese Teilnehmer nicht von dem Gefühl befreien, ich würde sie nicht standesgemäß behandeln. Nachdem ich die gestaltende Rolle des Unternehmers in der Gesellschaft und die Frage nach einer zeitgemäßen Erfolgskultur im wiedervereinigten Deutschland anriss, verließen bis auf eine Handvoll „Insider“ die meisten Teilnehmer das Auditorium. Einer der Verbliebenen, ein gestandener schwäbischer Senior-Unternehmer, entschuldigte sich bei mir für das Verhalten seiner Junioren: „Die Jungen verstehen des net, wenn's net auf dem Silbertablett serviert wird, des müsset Sie net persönlich nehmen.“ Da es sich bei dem Senior-Entrepreneur um keinen geringeren als den renommierten Designermöbel-Produzenten Rolf Benz handelte, konnte ich mit den „Unternehmer-Kids“ milde Nachsicht walten lassen. Schwaben sind zwar traditionsbewusst, aber, wie es scheint, zukunftsorientierter als manche Nordlichter.

Wenig später wiederholte ich den Workshop in Nürnberg bei einem Unternehmerkongress des Sparkassenverbandes anlässlich der Verleihung des jährlichen Start Up Preises. Zur Visualisierung der identischen Inhalte verwendete ich dieses Mal allerdings nur Multimedia-Tools, die sich in jedem PC-Betriebsystem befinden und blieb damit innerhalb der Komfortzone meiner Zielgruppe. Gottlob, ich hatte die Teilnehmer wieder wie gewohnt auf meiner Seite.

Das Problem ist ja nicht, dass Unternehmer und Führungskräfte Themen wie Nachhaltigkeit, Erfolgskultur und Empowerment per se ablehnen. Wer möchte denn nicht ein visionärer Unternehmer sein, der unsere Zukunft entscheidend mitgestaltet? Der Haken an der Sache ist die Veränderung an sich, nicht das Ob und Wie. In der Natur sind Veränderungen letztlich Sache der Evolution. Und die hat bekanntlich einen sehr langen Atem.

Wenn es so schwierig ist, Menschen individuell oder in einer größeren Organisation zu fördern, sodass sie aktiv und mit dauerhaftem Engagement ihr Potenzial in Werte umwandeln, die allen Beteiligten nützen, sollte man nicht bei der altbewährten Struktur der Pyramide bleiben?

Anders gefragt: Fahren wir mit den tradierten Organisationsprinzipien nicht besser? Einige Argumente ließen sich dafür ins Feld führen. Fast alle unsere gesellschaftlichen Organisationen sind hierarchisch strukturiert, jeder Verein, jede Partei und jedes Unternehmen hat eine Führungsstruktur, die Entscheidungen trifft und die Organisation lenkt und repräsentiert. Und sind wir nicht vielleicht auch deshalb Exportweltmeister, weil wir besonders in mittelständischen Unternehmen bewährte Führungsstrukturen beibehalten haben? Würde es überhaupt funktionieren, wenn jeder gleichermaßen engagiert wäre und mitbestimmen wollte?

Wir befinden uns hier im Reich der Spekulation. Denn in der Praxis haben wir noch wenig Erfahrung mit Organisationen, in der die meisten Mitglieder oder Mitarbeiter aus entwickelten Persönlichkeiten besteht. Unsere sozialen Erfahrungen sind weitgehend geprägt von limbischen Impulsen. Auch wenn wir technologisch in einer Science Fiction leben, unser soziales Miteinander ist geprägt vom Jäger- und Sammlerinstinkt.

Diese Aussage ist nicht abwertend gemeint. Denn die Geschichte zeigt, dass nur Gesellschaften mit stabilen Strukturen langfristig eine Überlebenschance haben. Das limbische System organisiert uns gemeinsam mit dem Reptilienhirn seit Jahrmillionen auf unserem Planeten. Der Mensch ist also auch in seinem Naturzustand bereits ein echtes Erfolgsmodell! Nur dürfen wir nicht vergessen, dass die Lebensumstände in einer technologischen Gesellschaft viel komplexer sind als das Leben in einer steinzeitlichen Höhlengemeinschaft. Und um Komplexität zu meistern, müssen wir unser gesamtes Gehirnpotenzial nutzen.

Dieser Entwicklungsprozess ist vergleichbar mit der Einführung der allgemeinen Schulbildung im 18. Jahrhundert. Lesen und Schreiben waren vor der Einführung der Volksschule nicht weiter verbreitet als heute Erfolgstechniken. Auch die gesellschaftlichen Widerstände gegen die allgemeine Schulpflicht sorgten dafür, dass es über einhundert Jahre dauerte, bis diese flächendeckend im deutschen Reich umgesetzt wurde.

Wir werden also bei der Entfaltung unseres persönlichen Potenzials immer an zwei natürliche Grenzen stoßen. Die eine ist der Kampf mit uns selbst, mit den Begrenzungen, die wir im Laufe unseres Lebens als Teil unserer gelebten Persönlichkeit akzeptiert und verinnerlicht haben. Die zweite Front ist unser Umfeld, also die Menschen, mit denen wir täglich zu tun haben und in einem vielfältigen Beziehungsgeflecht stehen. Hierzu zählen unsere privaten Beziehungen genau so wie unsere funktionalen im Berufsalltag.

Ich komme immer wieder auf diesen Kontext zu sprechen, weil er in der klassischen Erfolgsliteratur gerne bagatellisiert wird. Die meisten Anwender von Erfolgstechniken scheitern an den inneren und äußeren Widerständen im direkten sozialen Umfeld. Dies gilt übrigens auch für Leistungssportler, obwohl diese systematisch gemeinsam mit ihrem Coach mit Erfolgstechniken arbeiten. Untersuchungen ergaben, dass der wichtigste Grund für ein Versagen im Wettkampf das fehlende Feedback wichtiger Bezugspersonen wie Eltern oder Partner darstellt. Dies gilt umso stärker, je jünger der Sportler ist. Moderne Nachwuchsförderung im Sport bindet deshalb das familiäre Umfeld schon bei der Talentsichtung mit ein. Denn Talent und Training allein sind eben kein Garant für eine Erfolgskarriere, ob im Sport, in der Kunst oder im Top-Management eines großen Unternehmens.

Der Amerikaner Nick Bollettieri gilt als einer der wohl erfolgreichsten Sportcoaches der Geschichte. Als Freund und Mentor ermutigte er mich über viele Jahre, konsequent an meinen Zielen zu arbeiten. Er formulierte die Bedeutung der Beziehungskomponente in der Sportlerbetreuung am treffendsten: „Wenn Sie als Tenniscoach nur halb so gut sind darin, Beziehungen aufzubauen, wie Tennis zu lehren, wird Ihr Tennisschüler ein Gewinner sein.“ In seiner Bollettieri Sports Academy in Florida begleitet er viele Top-Athleten, darunter Andre Agassi, Boris Becker, Tommy Haas und Venus Williams an die Weltspitze.

Potenziale entdecken und fördern beginnt immer damit, dass wir Entwicklungsräume schaffen. Persönlichkeitsentwicklung bleibt ohne Kontext ein gut gemeintes Abstraktum. Wir können uns einfach nichts darunter vorstellen.

Stellen Sie sich vor, Sie kommen morgens in Ihren Pausenraum, und neben der Kaffeemaschine steht plötzlich ein Steinway-Flügel mit ein paar Notenblättern von Chopin oder Mozart auf der Ablage. Das wäre ein ungewöhnliches Förderprogramm, wenn Ihre Firma Ihnen plötzlich Freitagnachmittag Klavierunterricht anbieten würde. Sicher würde es wohl Wochen dauern, bis Sie Ihre erste Melodie selbstständig spielen könnten, vielleicht müssten Sie auch Ihre Notenkenntnisse aus der Schule erst wieder auffrischen, um mit Ihrem neuen Klavierlehrer kommunizieren zu können. Aber eines wäre sicher: Ihre Persönlichkeit würde in dieser Zeit kreative Flügel bekommen. Denn nichts inspiriert die kreative rechte Hirnhemisphäre mehr als Musik und Kunst.

Auch die deutschen Universitäten gehen neue Wege bei der Förderung von Talenten. Neben der klassischen Eliteförderung durch Stipendien und Förderprogramme bieten die Münchener Universitäten dem talentierten Nachwuchs so genannte Entrepreneurships.

Mit speziellen Workshops, Coaching- und Trainingsprogrammen werden besonders begabte Studenten mit den Möglichkeiten einer Unternehmerkarriere vertraut gemacht.

Den organisatorischen Rahmen bilden universitätsnahe, unabhängige Träger. Gemeinsam mit erfahrenen Unternehmern gründete die Ludwig Maximilian Universität das Odeon Center for Entrepreneurship. Das Pendant bei der Technischen Universität ist die UnternehmerTUM GmbH. Diese Inkubatoren für unternehmerisches Denken und Handeln unterstützen die Studenten während des Studiums mit Projekten und Know-how und vermitteln Mentoren und Praktika in der regionalen Wirtschaft. Studienabsolventen, die nach dem Studium ein Unternehmen gründen wollen, werden von der Geschäftsidee bis hin zu Prototypenerstellung, Finanzierung und Markteinführung professionell begleitet. Besonders innovativ ist das Managementprogramm „Manage & More“ der UnternehmerTUM. Über drei Semester erhält dort eine kleine Gruppe von etwa zwanzig Studenten eine ganzjährige gezielte Betreuung durch geschulte Mentoren und Coaches. Ziel des Programms ist es, den jungen Menschen Mut und Selbstvertrauen zu geben, ihr Potenzial zu entdecken und in innovative unternehmerische Projekte einzubringen. Im Idealfall enden Studium und Manage & More für den Absolventen mit dem Start-up eines eigenen Unternehmens.

Auch die Profis von UnternehmerTUM wissen, dass kreatives Denken nicht vom Himmel fällt. Neben den praxisbezogenen Projekten und der professionellen Betreuung der Studenten legt man deshalb besonderen Wert auf die Gestaltung der Räumlichkeiten. So gibt es einen illuminierten Showroom für Prototypen, die bei Wettbewerben ausgezeichnet wurden. Ein Kreativraum, der die Studenten inspirieren soll, wartet mit einer bunten Sitzgruppe mit anregenden Farben und kreativem Chaos auf, das die Studenten beflügeln soll.

Das Einrichten von kreativen Freiräumen ist nach Ansicht vieler Experten wichtiger als ausgefeilte Systeme zur Potenzialerschließung. Inspiration findet außerhalb unserer Arbeitsroutinen statt. Wenn Sie Ihr persönliches Potenzial besser kennen lernen möchten, geben Sie ihm einfach mehr Raum in Ihrem Alltag. Warten Sie nicht, bis andere diesen Schritt für Sie tun. Die Idee, dass es in Ihnen eine Blackbox gibt, ein unentdecktes Land, das auf Eroberung wartet, finde ich sehr hilfreich. Werden Sie zum Pfadfinder und Schatzsucher in eigener Sache.

Ein ganz einfacher Weg, mehr in Kontakt mit dem inneren Potenzial zu kommen, sind inspirierende Multimedia-Tools. Es muss also nicht gleich ein Steinway sein, wenn Sie sich kreativ betätigen wollen. Genau wie Sie Ihr Gehirn statt nur mit linearen Daten auch mit kreativen Impulsen füttern können, können Sie Ihren PC mit wenig Aufwand zu einer virtuellen Kreativbox aufrüsten. Einige Ideen und Tipps hierzu finden Sie im Praxisteil des Buches.

Es gibt jeden Tag mehr Optionen, in unseren Alltag kreative Inseln einzuflechten, die uns mit unserem Potenzial verbinden. Natürlich müssen wir uns zunächst mit der Basis vertraut machen und ein festes Fundament für unsere Lebenszukunft errichten. Nachdem Sie sich jedoch über Sinn und Richtung in Ihrem Leben grundlegend Gedanken gemacht haben, ist der tägliche Aufwand, um das „Feuer" am Brennen zu halten, relativ überschaubar. Es ist wie bei einer Rakete. Wenn man beobachtet, wie schwerfällig und langsam die Schubkraft die Rakete von der Startrampe wegdrückt, kann man sich kaum vorstellen, dass das gleiche Vehikel im Weltraum mit zigtausend Stundenkilometern zu fernen Planeten reist. Einmal auf Kurs, bleibt diese unvorstellbare Geschwindigkeit erhalten. Für gelegentliche Kurskorrekturen reichen dann kleine, kurze Schübe aus den Steuerungstriebwerken, und das Raumschiff gelangt sicher ans Ziel.

8 Flow – Das Glücksgefühl des Erfolgs

Vielleicht wäre dieses kleine englische Wörtchen nur halb so bekannt, wenn sein wichtigster Entdecker nicht einen so unsagbar schwer zu buchstabierenden Namen hätte. Professor Mihaly Csikszentmihalyi gilt als „Vater" der Flow-Forschung und publiziert seit 1975 über das Thema „Aktive Glücksgefühle". So könnte man nämlich den Flow am besten umschreiben. Bereits die berühmte Kinderpädagogin Maria Montessori beschäftigte sich in der ersten Hälfte des 20. Jahrhunderts mit dem Phänomen der „polarisierten Aufmerksamkeit", wie sie den Flow bezeichnete. Obwohl wir das Thema ja bereits gestreift haben, möchte ich hier einen ganz wesentlichen Aspekt des Flow aufgreifen und etwas näher beleuchten. Denn je genauer wir verstehen, wie unser Gehirn uns antreibt und welche Mechanismen dabei eine Rolle spielen, desto leichter können wir unsere inneren Schalter umlegen und uns gezielt motivieren.

Das Wichtigste zuerst: Wenn wir wirklich verstehen wollen, wie sich dieser optimale Aktivierungsgrad anfühlt, müssen wir ihn erleben. Was bringt uns in diesen Zustand, der alles Positive jenseits der Langeweile und Eingefahrenheit in sich zu vereinen scheint? Und warum ist es im Alltag so schwierig, in diese „Zone der Glückseeligkeit" einzutauchen?

- Der erste Schritt in den Flow ist das Verlassen der Komfortzone. Wir müssen uns also *bewegen.*
- Der zweite Schritt ist die Wahl einer Aktivität. Wir müssen uns für etwas *entscheiden.*
- Der dritte Schritt ist die Wahl oder die Gestaltung der Umgebung. Flow liebt die Natur.
- Der vierte Schritt ist die Herausforderung. Flow entsteht in einem recht schmalen Aktivierungsband, in dem sich Ihr Potenzial und Ihr Können optimal ausagieren. Übersteigt die Anforderung Ihr Können, wird die Aktivität zur Qual, sind Sie unterfordert, enden Sie im Jammertal der Langeweile.
- Am Ende einer Flow-Phase steht meist die Verwirklichung eines selbst gewähltes Ziels oder schöpferischen Projekts, das der Aktivität eine Richtung und ein sichtbares Ergebnis gibt.

Um das Flow-Phänomen wissenschaftlich zu erfassen, untersuchte Csikszentmihalyi über viele Jahre weltweit Tausende von Menschen mit den unterschiedlichsten kulturellen und gesellschaftlichen Hintergründen. Seine umfangreichen Forschungsergebnisse können wir heute praktisch nutzen.

Flow ist für erfolgreiche Life-Designer ein ganz grundlegendes Erfahrungsmerkmal. Wir hatten uns zu Anfang der Lektüre vorgenommen, die Erfolgsmythen Schritt für Schritt zu entzaubern. Je klarer wir dem Erfolg auf den Grund gehen, desto nachvollziehbarer wird dieses Phänomen. Flow ist die Wissenschaft von der Erfolgs-Aktivität. Sie beschreibt minutiös die inneren und äußeren Faktoren von erfolgreichem Handeln, das erfüllt. Es geht hier also nicht um den schnellen Kick der „Droge" Erfolg. Vielmehr geht es darum, wie und mit welchen Aktivitäten man sein neues Zukunftsdesign ausfüllt. Flow ist eine sehr hohe, dichte Erlebnisqualität.

Lebenssinn ist der Initialfunke, Lebensvision der Grundschub, Lebensziele bilden die Navigation, Life-Balance schafft den organisatorischen Rahmen, und Flow ist die prägende Stimmung des Life-Designs.

!

Da Flow im Gehirn verstärkt Endorphine ausschüttet, lässt sich dieser Zustand auch sehr gut mit einer aktiven Meditation beschreiben. Das Gehirn befindet sich in einem Zustand der Zentrierung, alle Sinne sind auf die Aktivität ausgerichtet, die sensomotorische Koordination „fließt". Die linke Hirnhemisphäre scheint ähnlich wie in der Entspannung ihre Dominanz aufzugeben. Flow macht das gesamte System weich und geschmeidig. Es scheint, als ginge alles wie von selbst. Es ist sicher nicht abwegig, Flow als den verlängerten Arm des Alphazustands zu bezeichnen. Wir erinnern uns: Alpha ist der optimale Hirnwellenbereich. Der Körper ist entspannt und regeneriert, der Geist ist klar, und alle Hirnfunktionen sind simultan auf schöpferische Kreativität gepolt. Dieser klare positive Geisteszustand wird im Flow mit Aktivität gekoppelt. In diesem Zusammenhang wird auch klar, warum kreative und schöpferische Menschen so häufig im Flow-Zustand arbeiten. Intuitiv bereiten sie ihr Schaffen geistig im Alphazustand vor, um dann im entscheidenden Moment am Klavier oder mit dem Pinsel ihr künstlerisches Werk hingebungsvoll zu vollenden.

Sagen Sie jetzt bitte nicht, dass das ja für Künstler zutreffen mag, aber nicht für Sie. Der Künstler unterscheidet sich vielleicht im Lebensstil von Ihnen, nicht jedoch in seinem Potenzial. Wenn Sie beginnen, Ihr Leben bewusster zu gestalten, entwickeln Sie mit der Zeit ein Gespür für Ihre persönlichen Erfolgsfaktoren. Flow mag nicht immer abrufbereit sein, besonders wenn Ihr Tag mit Routineaufgaben gefüllt ist. Aber was hindert Sie daran, Ihren Tag interessanter und abwechslungsreicher zu gestalten? Betrachten Sie Ihre Lebenszukunft als Reiseerlebnis, in dem Sie die Route bestimmen. Jeder Tag bietet eine neue Matrix für Erlebnisse und Entdeckungen. Flow ist ein intensives Erleben im Jetzt. Sie gehen ganz in Ihrem Tun auf, und das ist eine wunderbare Erfahrung. Je weiter Sie voranschreiten, desto reicher wird Ihr Erfahrungsschatz und desto erfüllender ist Ihre Reise. Viele Tätigkeiten werden im Flow als intensiver und befriedigender empfunden. Im Sport führt Flow gar zu Ergebnissen, von denen man im Normalzustand nicht einmal zu träumen gewagt hätte.

Ich kann und will Ihnen hier keine überzogenen Erfolgsversprechungen machen. Insbesondere sollten Sie sehr skeptisch sein, wenn Ihnen jemand verspricht, dass Sie immer jedes Ziel erreichen können. Ich kenne niemanden, der das kann, Sie etwa? Aber ich kann Ihnen versichern, dass die Lebenszukunft als Life-Designer ungleich attraktiver und lebenswerter ist. Erfüllung muss sich nicht automatisch auf die Verwirklichung von Zielen beziehen, Zufriedenheit und Glück entstehen aus dem Momentum des Einsseins mit den Möglichkeiten und Lebensumständen. Wenn ich meine Potenziale lebe und in erfüllende Tätigkeiten umsetze, dann bin ich mit dem, was ist, jetzt und hier einverstanden. Das Gefühl, ein erfüllendes Leben zu führen, wird zu meiner Grundeinstellung.

Dieses ganzheitliche Erfolgskonzept unterscheidet sich fundamental von der Idee, ich müsse permanent nach immer höheren Zielen streben, um mich als erfolgreich zu erleben. Das würde im Umkehrschluss ja bedeuten, dass ich mich ohne das Gipfelerlebnis des Zielerfolges leer und minderwertig fühlen müsste. Vielleicht ist es aber auch dieses Missverständnis, das viele Menschen davon abhält, ein erfolgreiches, weil erfülltes Leben anzustreben.

Mein Vorschlag wäre, lassen Sie diese Erkenntnisse zunächst in Ruhe auf sich wirken. Es hängt von vielen Faktoren ab, ob und wie Sie diese Ideen umsetzen. Schnellschüsse verpuffen meist auf lange Sicht. „Eile mit Weile“, sagt ein altes Sprichwort. Wenn Sie in sich den Wunsch verspüren, dem Thema Flow mehr Raum in Ihrem Alltag zu geben, lassen Sie sich zunächst einfach inspirieren, ohne sich neuen Druck aufzuerlegen. Denn Druck erzeugt bekanntlich Gegendruck. In diesem Spannungsbogen befinden sich zwar die meisten unserer Zeitgenossen. Leider verschließt Druck jedoch auch das Tor zum Flow-Erlebnis.

Nutzen Sie stattdessen einfach die Alpha-Entspannung auf der Begleit-CD. Diese Übung unterstützt Sie, die geistige Inkubation für Ihre persönlichen Flow-Erlebnisse berechenbarer zu machen. Bei regelmäßiger Anwendung werden Sie merken, wie Ihre Handlungsimpulse immer häufiger vom Flow-Erlebnis geprägt sind. Alles, was Sie tun müssen, ist, sich fünfzehn Minuten Zeit nehmen, einen Kopfhörer aufsetzen und genießen.

9 Werte entdecken und leben

Den letzten wichtigen Baustein des inneren Fundaments für unser Life-Design bilden unsere persönlichen Werte. Wir haben in den vorangegangen Kapiteln sehr viel über die Faktoren erfahren, die unsere Stimmung und unser Verhalten beeinflussen. Dabei stießen wir immer wieder auf „Programme", die in den tieferen Schichten des Reptilien- und Affengehirns quasi als Betriebssystem verankert sind. Diese automatischen Abläufe, die weitgehend unser physisches Überleben, unsere Fortpflanzung und unsere unwillkürlichen Bewegungen steuern, finden wir bei allen höheren Lebewesen. Sie machen uns also noch lange nicht menschlich. Tiere können zwar in einem gewissen Rahmen ihre biologische Matrix erweitern und lernen. Aber der Mensch ist das einzige Lebewesen der Erde, das sein Denken, Fühlen und Verhalten durch selbst gewählte „Programme" erweitern kann. Diese Flexibilität verdanken wir unserem ausgeprägten Großhirn und seiner Fähigkeit, zu beobachten und aus den Beobachtungen zukünftiges Verhalten abzuleiten.

Der berühmte französische Philosoph Descartes fasste dieses Phänomen unter der Prämisse zusammen: „Ich denke, also bin ich." Durch die evolutionären Veränderungen des Gehirns gewinnt also der Mensch einen enormen Freiraum im Vergleich zu den anderen Geschöpfen der Erde. Obwohl wir dennoch einen Großteil unserer Verhaltensimpulse aus den „nicht-menschlichen" Hirnarealen erhalten, muss sich jeder Mensch über seine Zukunft Gedanken machen. Jeder Tag will vorbereitet und geplant sein. Wir haben gesehen, dass je nach Persönlichkeit sich der eine mehr, der andere weniger Gedanken über seine Zukunft macht. Generell kann man sagen, wer eher limbisch orientiert ist, lässt stärker „den Bauch" entscheiden und überlässt die Zukunft lieber dem Zufall oder dem Schicksal. Limbisch geprägte Persönlichkeiten können sich auch leichter in der Gruppe arrangieren und bestehende Systeme akzeptieren. Menschen mit einer ausgeprägt individuellen Persönlichkeit könnte man als mentale Persönlichkeit bezeichnen. Sie werden primär von einer Vision oder von ihren Talenten angetrieben und entwickeln sehr früh intensive Vorstellungen von ihrer Lebenszukunft. Diese persönlichen Zukunftsvisionen geben über die Gestaltfunktionen des Großhirns dem limbischen Hirn starke Handlungsimpulse. Man spricht dann von Menschen, die ihr Schicksal „selbst in die Hand nehmen".

Obwohl sich der limbische und der mentale Persönlichkeitstyp in vielen Bereichen unterscheiden, benötigen beide eine klare Handlungsmatrix, um sich im Leben zu orientieren. Dieser Basiscode entscheidet darüber, was uns motiviert, welche Vorlieben und Abneigungen wir entwickeln und welche Ziele wir wählen. Während die Tierwelt von angeborenen Instinkten geleitet wird, muss der Mensch sich sein Verhaltensfundament vorwiegend selbst schaffen. Diese Basis des menschlichen Verhaltens bezeichnen wir als Werte. Wertvorstellungen entwickeln sich innerhalb einer Gemeinschaft nach und nach. Der älteste Wertekodex, der unser Verhalten am längsten geprägt hat und der auch schriftlich fixiert wurde, sind die Zehn Gebote. Korrekter müsste man von den Zehn Ge- und Verboten sprechen, denn die einzelnen Sätze sind sowohl in der positiven Form der Anweisung „Du sollst" als auch in der negativen Form „Du sollst nicht" formuliert. Jede Kultur entwickelt im Laufe der Geschichte solch einen Kodex. Er bildet quasi ein kulturelles Gedächtnis dessen, welche Verhaltensweisen wünschenswert und welche eher abträglich sind. Naturvölker tendieren dazu, ihre Wertecodes in Form von Ritualen und mündlich überlieferten „Mythen" weiterzugeben. Unsere Märchen sind auch voll von bildhaften Geschichten rund um unsere Werte. Die alten religiösen Schriften der großen Weltreligionen enthalten unzählige Beispiele, wie die Götter die Menschen belohnen oder bestrafen – je nachdem, ob sie sich an die Werte (Gebote) halten oder ob sie dagegen verstoßen.

Werte sind zwar von Menschen gemacht, haben aber eine ähnlich starke Wirkung wie Instinkte. Der Mensch kann gegen eine Wertvorstellung verstoßen, muss dann aber mit einer „Strafe" rechnen. Diese kommt meist in Form eines schlechten Gewissens oder gar als Schuldgefühl. Im Gehirn sind demnach die Werte ganz eng an die Belohnungs- und Bestrafungsfunktionen des lymbischen Systems gekoppelt. Werte hemmen oder fördern unser Verhalten im Alltag und bestimmen dadurch in hohem Maße unser soziales Miteinander. Dass es dabei auch innerhalb einer Kultur- und Wertegemeinschaft starke Unterschiede geben kann, zeigt folgendes Beispiel.

In den meisten deutschen Städten gibt es in den größeren Wohnanlagen einen Hausmeister und eine Reinigungskraft für das Treppenhaus. Bei kleineren Einheiten verzichten die Bewohner oft auf eine teure Reinigungskraft, und die Mieter oder Eigentümer wechseln sich bei der Treppenhausreinigung ab. Die Schwaben haben für dieses Ritual einen eigenen Begriff, die „Kehrwoche". Hier gibt es ein sehr

strenges Reglement, das die Aufgaben und Pflichten der Kehrwoche regelt. Oft hängt dieses Regelwerk im Eingangsbereich neben den Hausmitteilungen aus. Wehe dem, der das Regelwerk verletzt! Es würde sicher ein gewaltiges Nachschlagewerk über die schwäbische Moral entstehen, würde man nur die schriftlichen Abmahnungen an den Wohnungstüren der säumigen Nachbarn gesammelt publizieren. In einer Stadt wie Berlin oder Bochum wäre die Kehrwoche mit ihrer Krümelmoral dagegen undenkbar.

Andere Länder, andere Sitten, werden Sie mir beipflichten, und die Frage liegt auf der Hand: Was hat die Kehrwoche mit meinem Erfolg zu tun? Mehr als man oberflächlich annehmen sollte. Der Wert „Ordnung und Sauberkeit" kann je nach Situation Verhalten fördern oder hemmen. Da wir gemeinsam eine Matrix für Ihren persönlichen Erfolg schaffen wollen, wäre es also nicht abwegig zu überlegen, welche Werte Ihr persönliches Verhalten bestimmen und welche Werte hinter Ihren Zielen stehen. Werte stehen für gewöhnlich in einem Kontext, da sie sich gegenseitig bedingen. Diesen Zusammenhang nennen wir Ethik. Werte wirken zwar im Individuum, werden aber immer von einer Gemeinschaft getragen. Wir sprechen von einer Wertegemeinschaft. Die Familie ist die kleinste und älteste soziale Gruppe, in der Werte gelebt und entwickelt werden. Religion und Philosophie sind die gesellschaftlichen Instanzen, die Werte formulieren. Sitten und Regeln bilden die Moral der Gemeinschaft. Verfassung und Gesetze regeln die Details und sorgen für eine auf den Werten der Gemeinschaft basierende Rechtsprechung.

Wenn wir „Erfolg" haben wollen, benötigen wir eine Wertebasis, die Erfolg bejaht. Diese Basis beginnt in unserem Inneren mit der Frage: Welche Werte bestimmen mein Leben? Bin ich in einer Wertegemeinschaft aufgewachsen, in der das Individuum sich mit seinen Wünschen, Bedürfnissen und Talenten der Gemeinschaft unterordnen musste, wird es mir zunächst schwer fallen, einen motivierenden Wert zu entdecken, der mich ermutigt, meinen Talenten, Vorstellungen und Neigungen nachzugehen. Ich muss also meine Wertvorstellungen überdenken. Dies ist eine der anspruchsvollsten Aufgaben der Persönlichkeitsentwicklung und erfordert viel Zeit und Geduld.

Die kognitiven Erfolgssysteme, insbesondere das NLP und die Kinesiologie, bieten uns heute Tools, um das eigene Wertesystem bewusst zu machen und zu gestalten. Obwohl viele Ratgeber Checklisten und Schnelltests anbieten, um das persönliche Wertesystem kennen zu lernen, möchte ich hier eine konservative Stellung beziehen und vor zu hohen Erwartungen in Sachen Selbsterkenntnis warnen. Ihr persönliches Wertesystem kennen zu lernen ist eines. Es bewusst zu beeinflussen eine ganz andere Sache. Werte sind stark an Emotionen gekoppelt. Wir leben in einer offenen multikulturellen Gesellschaft. Kaum jemand wächst noch mit einem klaren, einfachen religiösen oder kulturgebundenen Wertesystem auf. Die Verinnerlichung von Werten findet zudem während der Kindheit statt. Kindern fehlt die analytische Fertigkeit, um Werte, die von Eltern oder Erziehern vermittelt werden, kritisch zu hinterfragen. Das persönliche Wertesystem kennen, verstehen und gegebenenfalls transformieren zu lernen ist ein klassisches Coaching-Thema. Wenn Sie also einen profunden Einblick in Ihre Persönlichkeit vornehmen möchten, ist die Unterstützung eines qualifizierten Coaches oder Mentors an diesem Punkt sicher sehr hilfreich.

Die Motivations- und Entwicklungspsychologie bietet unterschiedliche Modelle, um das Wertegefüge des Menschen transparent zu machen. Eines der bekanntesten Modelle ist das Reiss-Profil. Um herauszufinden, was Menschen motiviert und welche Bedürfnisse und Werte sie dabei leiten, führte Dr. Steven Reiss umfangreiche Studien durch. Wie Mihaly Csikszentmihalyi versuchte er eine Systematik zu entwickeln, die es jedem Menschen ermöglicht, sein Persönlichkeitsprofil zu erkennen und optimal motivatorisch zu nutzen. Die Ergebnisse seiner Forschung fasste er im so genannten Reiss-Profil zusammen.

Das Reiss-Profil gilt als eines der führenden Analyseinstrumente zur Ermittlung von persönlichen Werten und Lebensmotiven. Es teilt die die Persönlichkeit in 16 Lebensmotive ein, wie beispielsweise Macht, Neugier, Anerkennung, Beziehung usw. Im Rahmen eines komplexen Multiple-Choice-Verfahrens werden zu jedem Wert Fragen gestellt. Die Auswertung ergibt dann ein persönliches Lebensmotiv-Profil. Da es sich bei den Analyse-Instrumenten meist um umfangreiche lizenzgeschützte Produkte handelt, können diese nur auszugsweise dargestellt werden. Im Praxisteil finden Sie zu den im Buch genannten Analyseinstrumenten Kontaktadressen.

Persönlichkeitsprofile sind stark geprägt von Werten und Wertvorstellungen. Im Grunde liegen Werte und Bedürfnisse im beständigen Wettstreit miteinander. Ein gutes Beispiel, wie dieses Zusammenspiel funktioniert, ist der Wunsch nach Selbstständigkeit. Viele Menschen wünschen sich zwar persönliche Freiheit, möchten aber auf eine sichere Existenz nur ungern verzichten. Ein Wertekonflikt entsteht, der uns so lange bremst, bis wir dem stärkeren Motiv nachgeben.

Wenn wir die Bedeutung von Motiven, Werten und Bedürfnissen und deren Wirkung auf unser Befinden und Wollen verstehen, können wir beginnen, unsere Lebenszukunft an den uns vorrangig wichtigen Parametern auszurichten. Selbst wenn wir ein Talent besitzen, das uns zur Verwirklichung drängt, werden wir kaum nachhaltig Erfolg damit haben, wenn der Selbstentfaltung ein fundamentaler Wert entgegensteht. Deshalb ist der Aufbau einer bewussten Wertestruktur ein ganz wesentlicher Aspekt einer Erfolgspersönlichkeit. Ziele werden demnach nur zu positiven inneren Motivatoren, wenn sie von unseren Wertmaßstäben bejaht werden.

! ***Werte geben uns Zielenergie. Sie halten uns langfristig auf Zielkurs, selbst dann, wenn wir das Ziel nicht immer klar vor Augen haben. In Zielformulierungen fließen demnach auch immer unsere Werte ein.***

Mit dem letzten Baustein haben wir das Mosaik für das Fundament unseres Life-Designs abgeschlossen. Im letzten Kapitel des Theorieteils werden wir uns nun mit der nächsten Ebene beschäftigen. Ein Fundament ist wenig wert, wenn darauf nichts aufbaut. Was unsere Lebensgeschichte interessant und aufregend macht, sind die Erlebnisse und die Errungenschaften, die wir im Laufe unseres Lebensweges anhäufen. Diese Stationen unseres Lebens bezeichnen wir als Ziele. Was sind Ziele? Wie funktionieren sie? Wie finde ich die richtigen Ziele für mich? Und vor allem, wie erreiche ich meine Ziele? Sie sehen, es bleibt spannend auf den nächsten Seiten.

10 Smart Success mit smarten Zielen

Den meisten Menschen fällt es schwer, Ziele zu formulieren. Wenn man sie fragt, was ihnen im Leben wichtig ist, beginnen sie zu stottern. Vielleicht werden Sie einwenden, dass ich übertreibe und die Realität gar nicht so negativ ist. Sicher fällt uns spontan immer etwas ein, was wir uns wünschen oder was uns gerade im Leben fehlt. Aber leider ist es Fakt, dass wir beim Thema Ziele ins Stolpern und Stocken geraten. Fragt man Menschen nach ihren Problemen, könnten viele endlos referieren. Statistisch wissen etwa zehn Prozent der gebildeten Erwachsenen, dass Ziele etwas Positives sind, das unserem Leben eine Richtung gibt. Doch weniger als die Hälfte dieser aufgeklärten Zielgruppe nutzt Zielsetzungstechniken systematisch. Stellen Sie sich vor, Sie würden alle Ihre Nachbarn auf einem Sommerfest treffen. Sie haben gerade ein interessantes Buch über erfolgreiche Persönlichkeiten gelesen und verspüren das innere Bedürfnis, sich über die Frage zu unterhalten, wie Sie solch eine „Erfolgsstory" aus Ihrem Leben machen können. Die Chance, dass Sie auf einer Party mit 100 Gästen jemanden finden, der sein Leben auf klaren, selbst gesteckten Zielen aufbaut und Sie inspirieren wird, ist statistisch leider noch relativ gering.

Statistisch leben 96 Prozent der gebildeten Erwachsenen in den westlichen Industriestaaten ohne klare Zielsetzung und überlassen ihre Zukunft anderen. Konkret bedeutet das, dass Sie täglich mit Menschen konfrontiert sind, die nicht genau wissen, was sie wollen. Schlimmer noch, wenn Menschen innerlich einen Wunsch oder ein Bedürfnis verspüren (was jedem Menschen irgendwann unweigerlich passiert), verfügen sie in der Regel über keinerlei Systematik, um sich den Wunsch bewusst zu machen und diesen konsequent zu erfüllen. Ich behaupte, dass 95 Prozent aller zwischenmenschlichen Konflikte auf der Tatsache beruhen, dass wir mit steinzeitlichen Methoden unsere Umwelt attackieren, sobald sich in unserem Inneren ein Impuls regt, etwas Bestimmtes sein, haben oder tun zu wollen. Die größte Fehleinschätzung, die aus dieser Jäger-Sammler-Mentalität erwächst, ist, dass wir, um das zu bekommen, was wir wirklich wollen, kämpfen und anderen etwas wegnehmen müssen. Anders ausgedrückt, wir wickeln unsere Wunsch- und Bedürfniserfüllung fast vollständig über unser Affen- und Reptiliengehirn ab. Dies gilt umso stärker, wenn unsere Wünsche von intensiven Emotionen gespeist sind. Wenn Sie mir mit dieser Ansicht nicht folgen möchten, habe ich dafür Verständnis. Ich empfehle Ihnen dann drei Meisterwerke der modernen Filmkunst: „Das Dschungelbuch", „Planet der Affen" und „Karneval der Tiere". Selbsterkenntnis kann mitunter sehr amüsant sein, wenn man sie nicht ganz so ernst nimmt.

Klassische Erfolgssysteme idealisieren das Thema Zielsetzung gerne. Es klingt dann etwa so: „Wenn du ein klares Ziel vor Augen hast und fest daran glaubst, erreichst du es auch, alles andere sind Ausreden." Sicher mag solch eine Formulierung auf manche Leser eine gewisse imperative Macht ausüben und sie zum Handeln bewegen. Aber reicht das auf lange Sicht, um eine Erfolgsstory zu entwickeln und diese zu leben? Ich denke, zur erfolgreichen Zielsetzung gehört vor allem eines: ein Umfeld, in dem Erfolg stattfinden kann und soll. Ich bin mir bewusst, dass ich mich mit dieser Einschätzung in Konflikt mit den meisten Erfolgsautoren befinde. Natürlich sind wir für unsere mentalen Abläufe und die daraus resultierenden Verhaltensweisen selbst verantwortlich. Aber es wäre doch naiv, den gesellschaftlichen Kontext zu ignorieren, in dem sich unser Verhalten abspielt.

Wenn ich persönlich beginne, mein Leben und meine Zukunft bewusst zu gestalten, verändere ich die natürliche Matrix, nach der mein Leben bisher funktionierte. Der Schwerpunkt der Handlungsimpulse verlagert sich von den limbischen Bereichen zum Großhirn. In diesem ganzheitlichen Bewusstwerdungsprozess bilden die Ziele lediglich die sichtbare operative Ebene. Während wir uns bisher vorwiegend die ideellen Grundlagen angesehen haben, kommen wir nun mit den Zielen in den Bereich, in dem wir unsere Zukunft situativ ausgestalten. Wir gehen also vom allgemeinen Entwurf des Drehbuchs unseres Lebens zur konkreten Ausgestaltung der einzelnen Szenen.

Ziele sind im Grunde ja nichts anderes als ausformulierte Bedürfnisse, Wünsche und Ideen. Das Formulieren von Zielen ist also in erster Linie Kommunikation mit uns selbst und dem, was uns innerlich bewegt. Eine Rückkoppelung mit den tiefer liegenden Schichten unserer Persönlichkeit. So lange wir unsere inneren Motivatoren nicht systematisch kennen lernen, bleibt auch die Erfüllung unserer inneren Antriebe primär dem Zufall überlassen. Das kulturelle Sinnbild für diesen Zustand ist der Ellenbogen. Als Ellenbogenmentalität können wir alle limbischen Strategien zur Wunsch- und Zielerfüllung bezeichnen, die unseren Alltag prägen. Bitte verzeihen Sie mir diese Vereinfachung, aber hier sind starke Bilder angebracht. Denn wenn wir mit Zielsetzung erfolgreich sein wollen, ist das wie mit der mobilen Telekommunikation. Es geht nur, wenn wir genügend Kommunikationspartner haben.

Unsere Ziele brauchen einen Kontext, damit wir sie erfolgreich verwirklichen können. **!**

Wir stoßen hier wieder auf die Erfolgskultur. Ich weiß, dass ich mich wiederhole. Doch aus meiner Erfahrung als Ziele-Coach und dem jahrelangen Austausch mit meinen Kollegen weiß ich, dass viele Anwender primär nach immer neuen Tricks und Tipps suchen, um ihre Ziele noch erfolgreicher zu verwirklichen. Viel wichtiger als alle technischen Kniffe zur Zielformulierung ist, dass wir erkennen, welch fundamentalen Entwicklungsschritt ein Leben, das auf bewusst gewählten Erfolgsfaktoren aufbaut, bedeutet. Die Verlagerung von primär limbischer Erlebenssteuerung auf die kognitiv-kreativen Modalitäten des Neokortex ist vom Veränderungspotenzial mit der Pubertät zu vergleichen. Es ist ein fundamentaler Veränderungsprozess in der Persönlichkeit. Man kann einzelne Aspekte dieses Prozesses genau so wenig separieren wie die Akneprobleme und die sexuellen Bedürfnisse eines Jugendlichen. Man muss die Persönlichkeit als Ganzes ansprechen.

In den späten 1990ern versuchten die großen Unternehmen, die betriebliche Zielvereinbarung durch Computer- und Web-gestützte Zielvereinbarungssysteme aufzuwerten. Durch das „E-Learing" und „Distant Learning Technologies" hoffte man, das Versäumnis der 1980er und 1990er aufholen zu können. Ziele sollten endlich zum Bestandteil der Alltagsroutine der Mitarbeiter werden. Jede Führungskraft, die in der Verpflichtung steht, mit Mitarbeitern Zielvereinbarungsgespräche zu führen, weiß, dass auch dieser Versuch misslang. Der Grund ist einfach: Erfolgskultur beginnt mit dem Fundament aus einem persönlichen Lebensmotiv und aus persönlichen Erfolgsfaktoren. Anders ausgedrückt: Bevor ich einen Menschen mit fremden Zielen konfrontieren kann, muss ich ihn zunächst dazu ermutigen, sich seiner eigenen Ziele bewusst zu werden. Wenn mein Mitarbeiter nicht das Gefühl entwickelt, dass seine persönlichen Ziele gleichrangig sind mit den Unternehmenszielen, wird er nie eine persönliche Erfolgskultur entwickeln. Haben Sie schon einmal einen Zweijährigen, der gerade beginnt, die Syntax der Sprache zu entdecken, mit einem Handy eine SMS schreiben lassen? Das ist unsere Methodik in der betrieblichen Zielvereinbarung.

Klare Ziele können zu einem enormen Motivationsschub führen. Ich erwähnte bereits die erstaunliche Leistung des Coaching-Teams von Jürgen Kliensmann bei der Betreuung der deutschen Nationalmannschaft zur Fußballweltmeisterschaft 2006. In dem Film „Deutschland ein Sommermärchen" von Sönke Wortmann können wir einen intimen Blick hinter die Kulissen des WM-Wunders werfen. Wer genau hinschaut, erkennt, mit wie viel Liebe zum Detail und welcher Hingabe das Team um Kliensmann eine gelebte Erfolgskultur zwischen Spielern und Betreuern aufgebaut hat. Ich kann diesen Film nur jedem empfehlen, der für sich oder seine Organisation einen zielorientierten Erfolgsrahmen aufbauen möchte.

Konkrete Antworten auf die Frage, wie Sie sich persönlich Ziele setzen und diese systematisch verwirklichen, finden Sie im Praxisteil. Dort lernen wir das SMART-System kennen. SMART ist die international anerkannte Grammatik zur Formulierung von Zielen. Zusätzlich stelle ich Ihnen mit dem ZieleGuide unser bewährtes Online-Tool vor. Der ZieleGuide ist ein Dialog, der Sie unterstützt, Ihre persönlichen Ziele nach dem SMART-System zu formulieren.

Bevor wir zum Praxiteil kommen, möchte ich noch kurz auf einen weiteren grundlegenden „Zielhemmungsmechanismus" eingehen. Denkstrukturen sind, wie wir im zweiten Kapitel gesehen haben, eng an die Gehirnanatomie gebunden. Unsere biologische Hardware bestimmt die Funktionen der Software. Obwohl die Verknüpfungen der Nervenzellen von unseren Denkgewohnheiten verstärkt werden, funktioniert dieser so genannte Bahnungsprozess auch umgekehrt. Neues Denken kann demnach auch neue Neuronennetzwerke initiieren. Um diesen Prozess zu veranschaulichen, möchte ich ein gängiges Beispiel aus der Alltagsroutine an einem Computerarbeitsplatz beschreiben.

➤ *Nehmen wir an, Sie sind gezwungen, täglich mit einer komplexen Software Ihren Arbeitstag zu beginnen. Die Software arbeitet mit vielen Fehlermeldungen und ist in sich so instabil, dass Ihr PC regelmäßig abstürzt. Das Programm wird Ihnen über einen Server bereitgestellt, der ständig überlastet ist. Immer wieder müssen Sie Eingaberoutinen abbrechen und die Daten erneut eingeben. Ihr Arbeitstag beginnt jeden Morgen mit viel Stress und nervigem Zeitverlust, der Sie regelmäßig in Verzug bringt. Ihr Gehirn verbindet demnach den Morgen im Büro mit dem Gefühl von Stress und einem unsicheren Arbeitsresultat. Entsprechend negativ verknüpfen sich Ihre mentalen Simulationen in Bezug auf den restlichen Arbeitstag. Ihr Gehirn spei-*

chert: PC-Arbeit ist frustrierend. Eines Tages erhalten Sie eine E-Mail, die Sie zur Teilnahme an einer Schulung für eine neue Software einlädt. Die Schulung führt Sie in die neue Software ein, und Sie erkennen schon am Aufbau der Maske ein anwenderfreundliches Konzept. Als Sie erfahren, dass Sie alle Eingaben offline erledigen und jederzeit zwischenspeichern können, schlägt Ihre Neugier in Begeisterung um. Nach der Einführung des neuen Systems können Sie ohne Probleme und in der Hälfte der bisherigen Zeit Ihre Arbeit erledigen. Auf neuronaler Ebene erzeugt das Gehirn nun ein neues Erfahrungsmuster. Es verknüpft die neue Arbeitsroutine, die positiven Gefühle und eine positivere Erwartung an den restlichen Arbeitstag zu einer Erfahrungs-Wahrnehmungs-Schleife, die jeden Morgen beim Hochfahren des PC in Gang gesetzt wird. Das alte neuronale Netz der Frustration am PC erhält ab sofort keine Energie mehr.

Denkstrukturen werden von unseren Erfahrungen und den sich daraus ergebenden Erwartungen geprägt. Dabei entwickeln sich vergleichbar mit dem Verhalten von Elementarteilchen in der Atomphysik zwei Grundrichtungen innerhalb dieser „neuronalen Schleife“: ein negativer oder positiver Spin (Drehung). Ist die Richtung negativ, sprechen wir von einer Abwärtsspirale. Ist er positiv, bezeichnet man dies als Aufwärtsspirale.

Ziele wirken als Inkubatoren sowohl auf der Denk- als auch auf der Erwartungsebene, wenn sie entsprechend mental verankert sind. Wenn ich mir Ziele setze und mir eine Systematik aneigne, um diese Ziele erfolgreich zu verwirklichen, ändert sich der Spin in meiner Erlebnisschleife. Damit sich diese generell positive Erwartung an die Kraft von Zielen etablieren kann, ist es in der Anfangsphase enorm wichtig, gezielte Erfolgserlebnisse herbeizuführen. Im klassischen Erfolgstraining übernimmt diese Rolle der Coach oder Mentor. Er erklärt den Kontext und die Techniken, ermutigt, sich realistische Ziele zu stecken und begleitet in die Erfolgssituation. Im wirklichen Leben ersetzen wir diesen Coach in der Regel durch Seminare und Medien wie Bücher, CDs und Software-Tools. Das reicht natürlich oft nicht aus, und so hängt es von unserer persönlichen Stimmung ab, ob wir unsere Ziele konsequent verfolgen oder ob unsere Ziele „gute Absichten“ bleiben.

Hi-Tec-Motivation wirkt wie ein virtueller Coach und unterstützt Sie dabei, sich ganzheitlich Ihre Ziele zu vergegenwärtigen. Das Hören der Klangimpulse verstärkt den Zielfokus und reichert den inneren Dialog mit motivierenden Gedanken an. Regelmäßig eingesetzt, entwickelt sich im Alltag eine Grundmotivation, die ich als Zielsicherheit bezeichnen möchte. Der Abgrund zwischen Realität und Zielvision wird quasi sensorisch überbrückt. Dadurch erhöht sich die Attraktorwirkung von Zielformulierungen. Je größer die Distanz zwischen Zielprojektion und Gegenwart, je komplexer die Zielvorgabe, desto stärker ist die Gestaltfunktion gefordert. Hi-Tec-Motivation nutzt die digitalen Klangimpulse und erzeugt ein mentales „Storyboard“, das Sie Schritt für Schritt umsetzen können.

Obwohl die Begleit-CD nur allgemeine Formulierungen enthält, können Sie diese spezifische Wirkung von Hi-Tec-Motivation selbst testen. Diesen Praxistest empfehle ich Ihnen, bevor Sie systematisch mit dem Praxisteil beginnen, Ihr Life-Design zu entwickeln. Alles, was Sie für diesen Test benötigen, ist ein klar definiertes Ziel, das Sie in den nächsten Tagen realisieren möchten. Und es sollte Ihnen Spaß machen zu experimentieren. Am einfachsten ist es, wenn Sie einen Zielbereich auswählen, der Ihre gewohnte Alltagsroutine betrifft. In Einsteigerseminaren wird gerne der „Wunschparkplatz“ als Visualisierungsobjekt genutzt. Ich empfehle Ihnen etwas Einfacheres. Etwas, das Sie mit Ihrem Verhalten direkt beeinflussen können, ganz ohne Hokuspokus. Denn je exotischer die Erfahrung, desto stärker wird sich Ihre linke Hirnhemisphäre zu Wort melden und Ihr Gestalterlebnis kritisieren. Im Praxisteil finden Sie im Kapitel über den Ziele-Guide Beispielsätze als Anregung, wenn Ihnen auf Anhieb nichts Passendes einfällt. Indem Sie ein Ziel auswählen und es schriftlich notieren, können Sie der Wirkung der allgemeinen Zielformeln auf der Begleit-CD Ihre persönliche Richtung vorgeben. Der Test zeigt Ihnen spielerisch, wie Sie sich mit positiven Visualisierungen auf ein Ziel einstimmen und dessen „Magnetwirkung“ erhöhen können. Dabei wünsche ich Ihnen viel Spaß!

Teil 2

Praxis-Tools für ein erfolgreiches Life-Design

11 Verschaffen Sie sich Klarheit mit dem Praxistest

Nach der Einführung in die Grundlagen des Lifedesigns mit Hi-Tec-Motivation sind Sie mit Ihrem Experiment schon mitten in der Praxis. Mit dem kleinen Test möchte ich zwei Dinge erreichen: Sie dazu ermutigen, systematisch mit der CD zu arbeiten und gleichzeitig zu beobachten, wie sich mit Hi-Tec-Motivation in einem konkreten Bereich Ihr Zielfokus verstärkt. Ich hoffe, unser kleines Experiment hat Ihre Neugier geweckt.

Hier sind zur Einstimmung einige Fragen, die Sie bei der Auswertung Ihres Praxistests unterstützen.

Fragenkatalog:

1. Welches Ziel habe ich mir notiert, das ich im Jetzt verwirklichen will? Habe ich bei der Wahl meines Nahziels berücksichtigt, dass ich es in der Hand habe, den Erfolg herbeizuführen? Stimmt das Ziel mit meinen inneren Werten und Wünschen überein? Erweitert es in bestimmter Weise meine Möglichkeiten, erleichtert es meinen Alltag oder verbessert es mein Wohlbefinden?
2. Wie habe ich die Begleit-CD gehört? Leise nebenbei beim Arbeiten oder bei Freizeitaktivitäten? Musik über Kopfhörer zum Entspannen im Liegen oder Sitzen? Musik als Inspiration über Lautsprecher im Auto oder bei anderen Aktivitäten?
3. Konnte ich beim Hören der Musik über Kopfhörer entspannen? Wie fühlte sich das Entspannungserlebnis an? Welche Körperregionen waren besonders verspannt? Ließen die Verspannungen beim Hören nach?
4. Konnte ich mir mein Ziel klar vor Augen führen? Entstand während des Hörens oder danach eine konkrete Vorstellung oder ein Gefühl zu meinem Ziel?
5. Was hat sich konkret ereignet oder verändert im Hinblick auf mein Ziel? Wie haben meine Umwelt, meine Mitmenschen reagiert? War mein Experiment ein Erfolg? Wenn nicht, was konnte ich für mich an Erkenntnissen gewinnen? Lohnt es sich für mich, weiter mit Hi-Tec-Motivation an meinem Zukunftsdesign zu arbeiten?

Sie können sich diese Fragen kopieren, schriftlich beantworten oder auch assoziativ, während Sie die Fragen im Buch lesen. Wichtig ist mir, dass wir im Praxisteil konkret werden und die Dinge tun, die Sie unterstützen, eine systematische Erfolgskultur in Ihrem Alltag zu etablieren.

Der Praxisteil des Buches gliedert sich in drei Bereiche:

1. Check-in – eine Bestandsaufnahme Ihrer gegenwärtigen Situation

2. Techniken zur bewussten Gestaltung Ihrer Lebenszukunft

3. tägliche Praxis mit Hi-Tec-Motivation

Eine Anmerkung für Fortgeschrittene und Kollegen, die sich die Basis für ihre Lebenszukunft bereits erarbeitet haben und Zielsetzungstechniken systematisch anwenden: Sie können in diesem Fall die Übungen der ersten beiden Bereiche überspringen und mit dem dritten Teil beginnen. Ich empfehle Ihnen, ersatzweise aus Ihren aktuellen Zielsetzungen konkrete Bereiche auszuwählen, die Sie mit Hilfe der CD forcieren und beobachten möchten. Verfahren Sie hier am besten wie bei unserem überleitenden Praxistest.

Sehr geeignet für vergleichende Tests sind generische Zielbereiche mit einer gewissen Komplexität und hohem Anforderungsprofil. Überall dort, wo kognitive Strategien Sie überfordern, werden Sie sehr deutlich den qualitativen Unterschied der digitalen Klangimpulse spüren und erleben. Sei es, dass Sie komplexe Projekte oder Prozesse optimieren wollen oder sensomotorische Fertigkeiten im sportlichen oder kreativen Bereich spezifisch verbessern wollen.

Ein letzter wichtiger Hinweis: Nehmen Sie ein wenig den Erwartungsdruck raus. Druck erzeugt immer Gegendruck. Wenn Sie gerne mit Checklisten linear auf Ihre Resultate hinarbeiten, legen Sie Ihre Listen für zwei Wochen beiseite. Die meisten Planungsinstrumente sind linear aufgebaut und mental mit Erfüllungsstress gekoppelt. Sie setzen uns also enorm unter Druck. Geben Sie dem kreativen Element Ihres Erfolgsinstruments „Gehirn" einfach ein wenig Raum. Vielleicht hilft Ihnen dabei dieses Bild: Stellen Sie sich vor, Sie bereiten sich auf eine schöne Reise vor und haben noch genügend Zeit für Ihre Reisevorbereitungen. Genießen Sie einfach die Perspektive, dass eine gute Zeit auf Sie wartet.

12 Check-in

Stresstest

Stress ist die häufigste Ursache für eine verkürzte Karriere. Wenn Ihr Leben, Ihr Alltag auf einer Stressroutine aufbaut, wird es Ihnen sehr schwer fallen, Ihre Leistungen und Erfolge zu genießen. Deshalb beginnen wir unser Check-in mit einem sehr einfachen Stresstest.

Wo stehen Sie in Ihrem Alltag? Hier finden Sie drei Stresslevel und deren charakteristische Merkmale. Lesen Sie die einzelnen Tagesabläufe durch. Vergleichen Sie die Muster mit Ihrem typischen Tagesablauf. Sie können Ihren persönlichen Tag auch aufschreiben und dann vergleichen. So erkennen Sie am leichtesten Ihren persönlichen Stresslevel.

Stresslevel 1

Sie sind mit Ihren Tagesaufgaben gut ausgefüllt. Die Anforderungen lassen Ihnen gewisse Freiräume für Persönliches. Sie kommen nur gelegentlich in Verzug. Ihre Ziele und Projekte fordern Sie positiv heraus, ohne Sie zu überfordern. Sie haben Zeit für Ihre persönlichen Beziehungen. Ihre Mahlzeiten nehmen Sie in Ruhe ein. Sie haben abends und am Wochenende Zeit für Freizeitaktivitäten. Sie können abends leicht abschalten und haben einen erholsamen Schlaf. Sie sind mit sich, Ihren Anforderungen und Ihren Mitmenschen im Lot. Gelegentliche Phasen, in denen Sie mehr als üblich leisten, kompensieren Sie durch sportliche Aktivitäten oder einen Kurzurlaub. Sie nutzen kulturelle Erlebnisse und Weiterbildungsangebote, um sich weiterzuentwickeln. Sie haben generell eine positive Grundstimmung. Wenn Sie schlecht gelaunt sind, finden Sie einen Weg, sich wieder in Schwung zu bringen. Ihr Immunsystem hält die meisten Infektionskrankheiten von Ihnen fern. Sie sind nur gelegentlich krank und leiden selten unter Spannungsbeschwerden wie Rückenschmerzen, Kopfschmerzen oder Verdauungsproblemen.

Stresslevel 2

Sie sind mit Ihrem Tagespensum häufiger überfordert. Ihre Verpflichtungen lassen Ihnen nur wenig Spielraum für persönliche Aktivitäten. Sie kommen häufiger zu spät oder sind mit Ihren Aufgaben nicht fristgerecht fertig. Ihre Ziele und Projekte setzen Sie immer wieder unter Druck, obwohl Sie innerlich „ja" zu ihnen sagen. Ihre persönlichen Beziehungen leiden unter Ihrem Zeitmangel. Sie müssen öfter Verabredungen absagen, weil Ihnen etwas „Wichtiges" dazwischen kommt. Mahlzeiten nehmen Sie öfter hastig zu sich oder lassen auch mal gelegentlich eine ausfallen. Sie nehmen sich häufiger Arbeit mit nach Hause, die Sie abends oder am Wochenende erledigen. Freizeitaktivitäten sind die Ausnahme. Sie sind häufig zu matt, um abends oder am Wochenende noch wegzugehen. Um abends und am Wochenende abschalten zu können, müssen Sie sich ablenken oder Alkohol trinken. Im Bett gehen Ihnen oft Ihre unerledigten Verpflichtungen durch den Kopf, die Sie vom Einschlafen abhalten. Sie haben häufiger das Gefühl, dass Ihre Umwelt Sie mit ihren Erwartungen überfordert. Zeit für Weiterbildung und Kultur finden Sie, wenn überhaupt, nur im Urlaub. Ihre Stimmungen schwanken, und es fällt Ihnen manchmal schwer, in Schwung zu kommen. Ihr Immunsystem ist besonders im Winter anfällig für Infektionskrankheiten. Sie sind häufiger krank oder fühlen sich matt. Sie leiden immer wieder unter Spannungsbeschwerden wie Rückenschmerzen, Kopfschmerzen, Verdauungsproblemen und Schlafstörungen.

Stresslevel 3

Sie sind mit Ihrem Tagespensum generell überfordert. Sie haben mehr Verpflichtungen, als Sie bewältigen können. Ihre Tage sind auf lange Sicht verplant und ausgebucht. Sie sind mit Ihren Aufgaben und Projekten generell in Verzug. Ihre Ziele und Projekte setzen Sie so stark unter Druck, dass Sie innerlich nicht mehr „ja" zu ihnen sagen. Sie haben häufiger Angst zu versagen. Für persönliche Beziehungen und Gespräche bleibt kaum Zeit. Sie verzichten weitgehend auf private Verabredungen. Sie essen meist hastig und unter Termindruck und lassen mindestens eine Mahlzeit am Tag ausfallen. Sie haben auch abends und an den Wochenenden Termine und Verpflichtungen. Freizeitaktivitäten können Sie nur im Rahmen von beruflichen Verpflichtungen wahrnehmen und deshalb selten genießen. Sie sind abends müde und erschöpft und schlafen generell weniger als sechs Stunden. Sie leiden unter Schlafstörungen. Ihre Stimmung ist häufig niedergeschlagen, und Sie kommen nur mit Stimulanzien wieder in Schwung. Ihr Immunsystem ist geschwächt. Sie sind ganzjährig anfällig für Infektionskrankheiten. Sie leiden unter starken Spannungsbeschwerden, die bereits zu Organschäden geführt haben, wie Bandscheibenvorfall, Migräne, Gastritis.

Dieser Stresstest basiert auf den Ergebnissen der Stress-Forschung und der Burnout-Prävention.

Führungskräfte, Selbständige und Unternehmer bewegen sich mehrheitlich zwischen Stresslevel 2 und 3.

Auswertung:

Wenn Sie sich im Stresslevel 1 wieder finden, haben Sie optimale Bedingungen für Ihr Life-Design. Sie leben Ihr Leben aktiv und stellen sich den Herausforderungen des Alltags weitgehend ohne Qualitätsverlust. Da Sie es gewohnt sind, Freiräume für sich zu bewahren, werden Sie die Tatsache genießen, dass Sie mit Hi-Tec-Motivation sowohl Ihre Erfolge als auch Ihre Lebensqualität systematisch ausbauen können.

Wenn Sie sich im Stresslevel 2 befinden, ist Ihre Life-Balance in Gefahr. Sie bewegen sich zwar in einem mittleren Stresslevel, aber tendenziell klopfen erste Zeichen der Überforderung an Ihre Tür. Bevor Sie also durch neue Projekte und hochgesteckte Ziele den Druck erhöhen, fahren Sie einen Gang runter. Ihr wichtigstes Erfolgsthema heißt: Work-Life-Balance.

Wenn Sie sich im Stresslevel 3 wieder finden, sollten Sie die Notbremse ziehen. Ihre Lebensenergie-Batterien sind erschöpft. Sie muten sich generell zu viel zu. Schieben Sie die nötigen Veränderungen in Ihrem Leben nicht mehr auf. Holen Sie sich alle Unterstützung, die Sie bekommen können. Beginnen Sie jetzt!

Leistungsbilanz

Wie steht es um Ihre bisherigen Leistungen und Erfolge? Zukünftige Errungenschaften bauen zu einem großen Teil auf unseren früheren Resultaten auf. Das Erreichte bildet das Fundament. Neben der objektiven Leistungsbilanz spielt aber auch die subjektive Wahrnehmung des Erreichten eine Rolle. Zufriedenheit ist die mentale Erfolgsbasis, auf der Sie zukünftige Leistungen aufbauen.

Sehen Sie sich bitte die Grafik genau an. Dann wägen Sie ab, in welchem Bereich der Grafik Sie sich aktuell sehen.

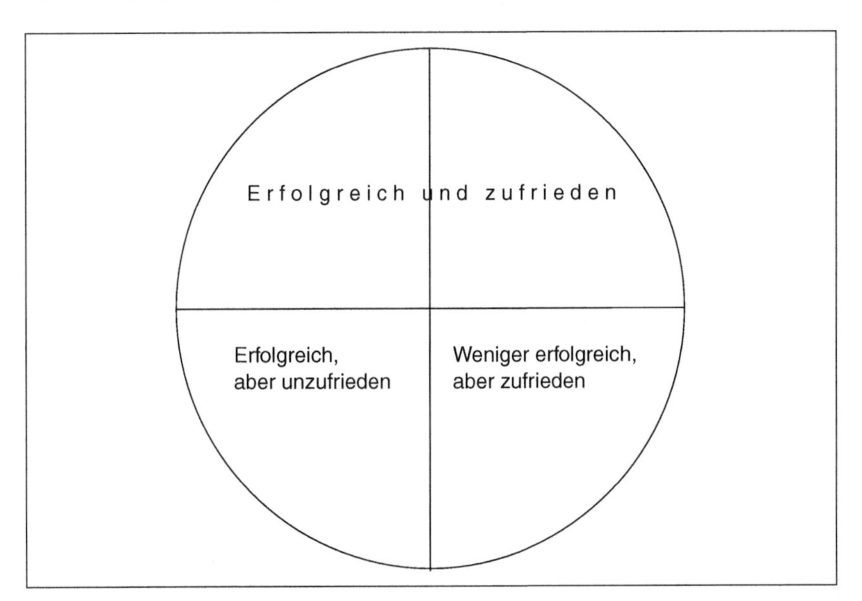

Abbildung 7: Leistung

Überprüfen Sie nun, ob Ihr subjektives Erfolgsgefühl stärker ist als objektive Erfolgsfaktoren.

Auf der folgenden Grafik ist der Kreis leicht nach links verschoben. Ihre messbaren Erfolge, wie beispielsweise Ihr Einkommen, überwiegen. Ihre subjektive Einschätzung ist eher kritisch.

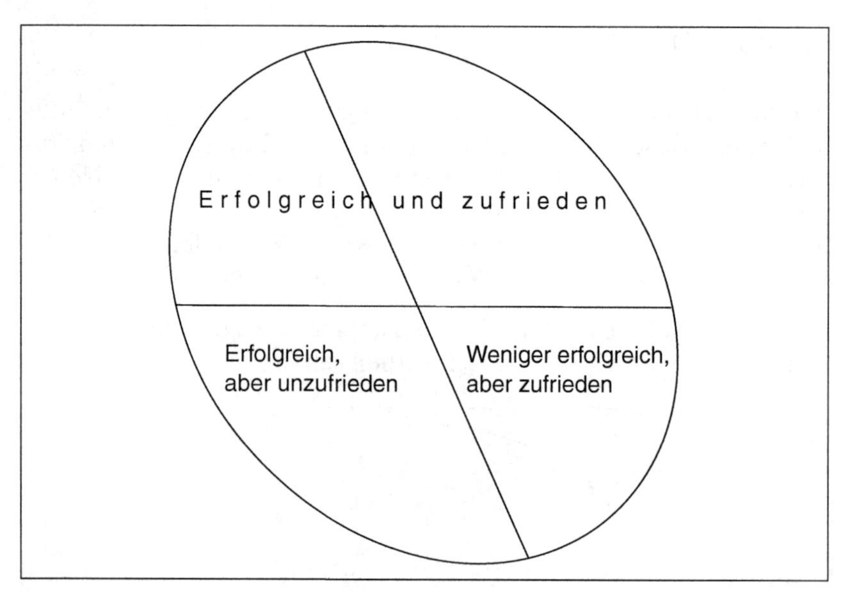

Abbildung 8: Erfolg

Wenn Ihre objektive Leistungsbilanz nicht optimal ist, aber Ihr subjektives Erfolgsempfinden positiv ist, sodass Sie mit Ihrer bisherigen Lebensbilanz zufrieden sind, beispielsweise weil Sie sich und Ihren Überzeugungen treu sind oder sehr gesund leben, ist die folgende Grafik für Sie relevant.

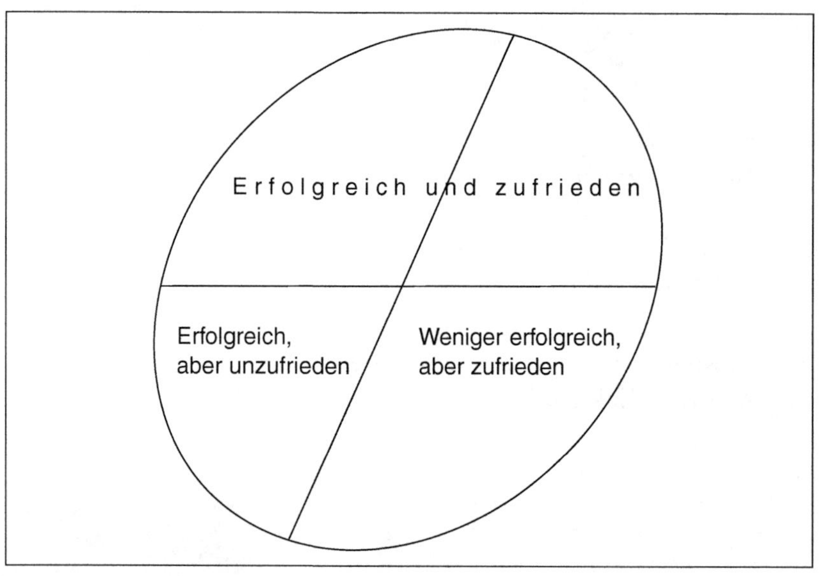

Abbildung 9: Zufriedenheit

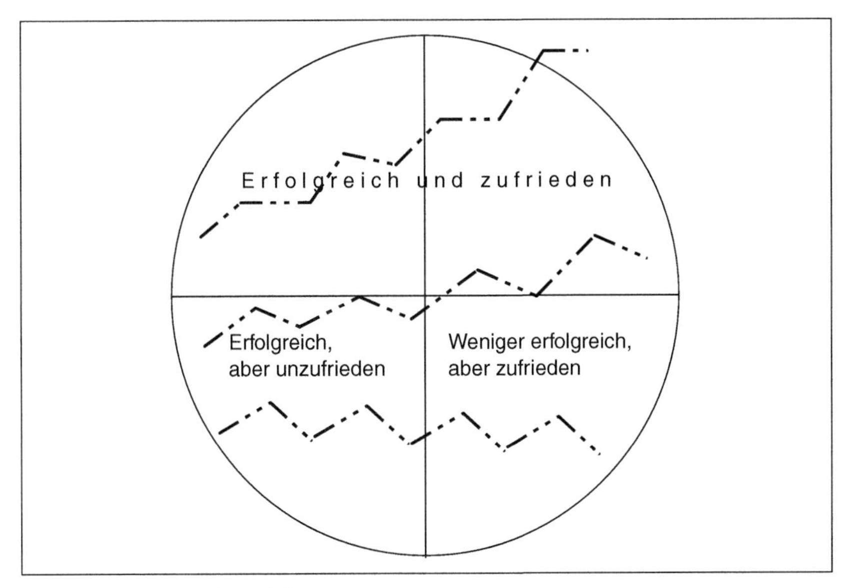

Abbildung 10: Lebensbilanz

Sie können diesen Leistungs-Check in regelmäßigen Abständen wiederholen. Wenn Sie diese „Wiederherstellungspunkte" in einer Zeitachse darstellen, könnten sich dann Verläufe wie in Abbildung 10 ergeben.

Beziehungs-Check

Erst wenn wir in Beziehung zu anderen Menschen treten, macht unser Leben Sinn. Dies gilt sowohl für unser Privatleben als auch für unsere beruflichen und geschäftlichen Netzwerke. Je höher die Qualität unserer Beziehung, desto erfüllender ist unser Leben. Wie steht es um Ihre Beziehungen? Im folgenden Diagramm können Sie für jeden Beziehungsbereich und jeden Menschen, der Ihnen von Bedeutung ist, ein Symbol eintragen. Sind Sie mit der Beziehung eher zufrieden, geben Sie ein lachendes Smiley oder ein Plus-Zeichen, ist die Beziehung disharmonisch oder eher unbefriedigend, sodass Sie etwas ändern möchten, geben Sie ein Minus-Zeichen oder ein Smiley mit heruntergezogenen Mundwinkeln.

Sinn und Zweck der Übung ist es, einen Überblick über die Qualität Ihrer Beziehungsnetze zu erhalten. Wenn Sie überwiegend positive Marker verteilt haben, hat Ihr Beziehungsgeflecht einen unter-

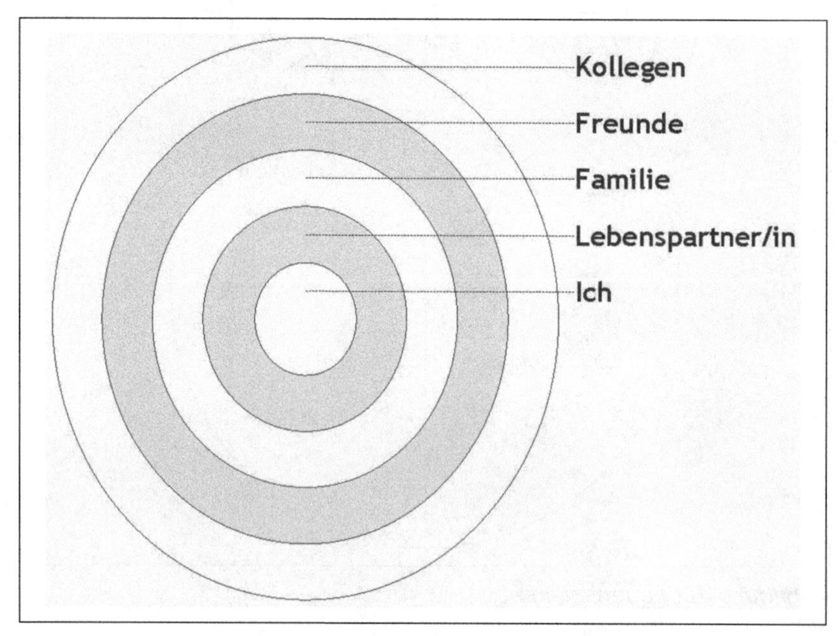

Abbildung 11: Beziehungen

stützenden Charakter, der Sie stärkt und Ihnen ein Gefühl von Geborgenheit und Austausch vermittelt. Wenn die negativen Symbole überwiegen, ist es sinnvoll, an der Qualität Ihrer Beziehungen zu arbeiten. Sie können im Abschnitt „ZieleGuide“ differenziertere Aussagen darüber treffen, wie Sie Ihre Beziehungen positiver gestalten möchten.

Sinn-Check

Dieser Check basiert auf der Systematik von Albert Ellis, einem der bedeutendsten Psychologen in den USA. Gegenstand der Arbeit von Ellis ist es, die irrationalen Motive, die uns am Glücklichsein hindern, aufzuspüren. Denn zwischen einem Ereignis und unserer Reaktion auf das Ereignis steht immer unsere innere Überzeugung. Je positiver und realistischer diese Überzeugung, desto größer ist die Wahrscheinlichkeit, dass wir aus unserer Umwelt wünschenswerte Rückmeldungen erhalten.

Hier sehen Sie zunächst zwei Beispiele. Die erste Grafik zeigt einen positiven Sinnzusammenhang. Die einzelnen Überzeugungen unterstützen und stärken die generelle Grundannahme, dass ich das bekomme, was ich mir wünsche.

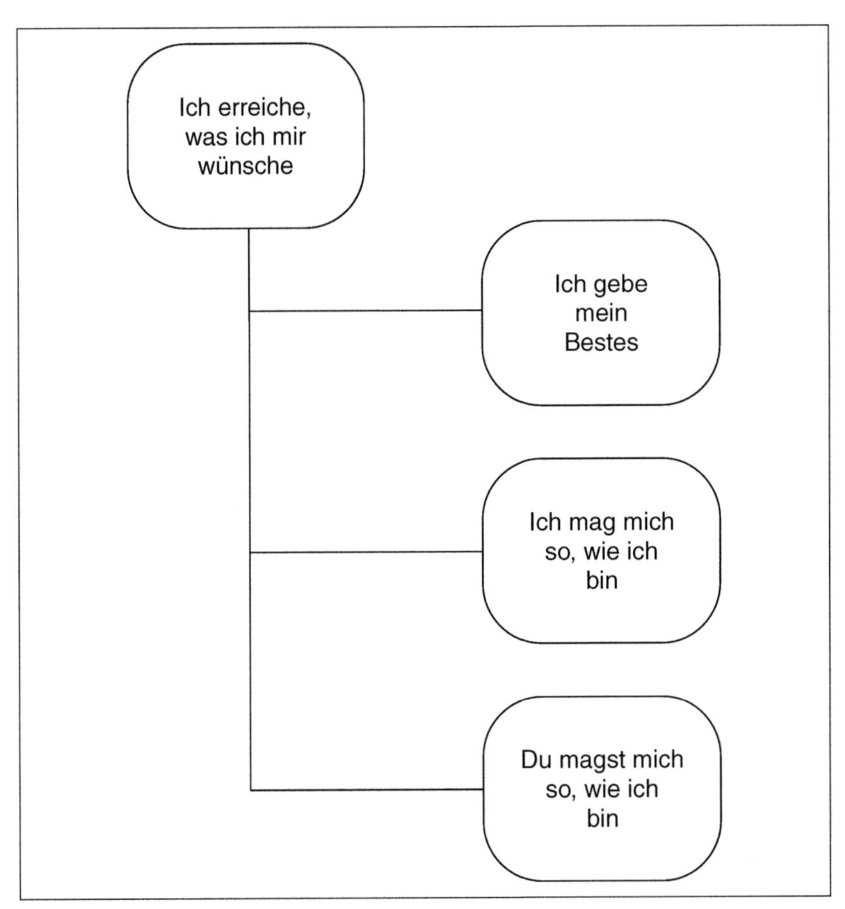

Abbildung 12: Positiver Sinn

Die zweite Grafik zeigt einen negativen Sinnkontext, der zu einer „Verzichtsmentalität" führt.

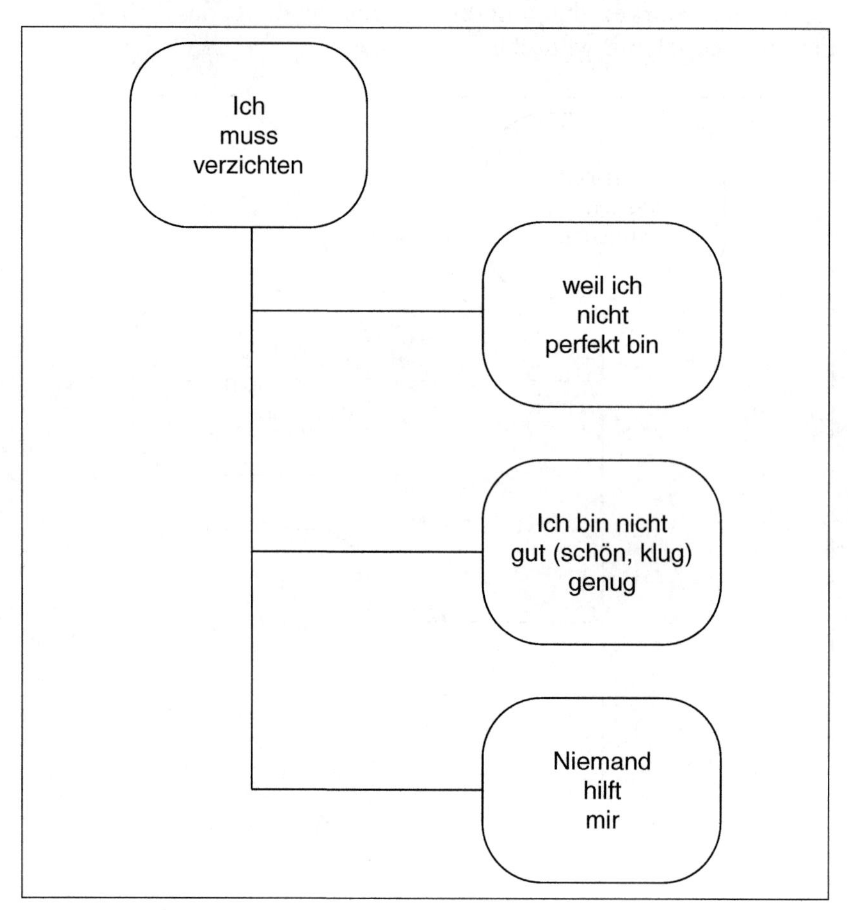

Abbildung 13: Negativer Sinn

Um herauszufinden, welche „Färbung" Ihre persönliche Sinngebung im Leben hat, können Sie die folgende Grafik verwenden und die leeren Kästchen mit Ihren Überzeugungen ausfüllen. Wenn Sie unterschiedliche Bereiche beleuchten möchten, können Sie die Grafik auch beliebig kopieren.

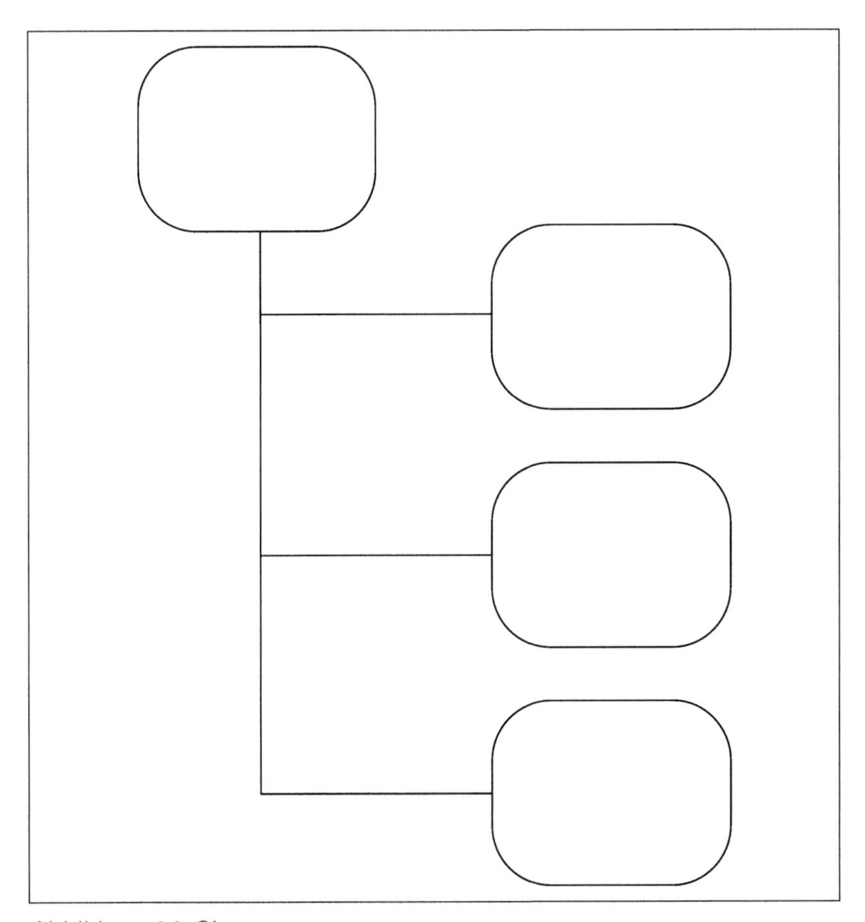

Abbildung 14: Sinn

Tragen Sie nun abschließend die Ergebnisse Ihres Check-in in die folgende Grafik ein. Sehen Sie sich vorab noch einmal die einzelnen Check-Ergebnisse an. Wenn die Ergebnisse eher positiv sind, verwenden Sie ein positives Symbol, sind diese eher negativ, verwenden Sie ein Minuszeichen oder ein Smiley mit heruntergezogenen Mundwinkeln.

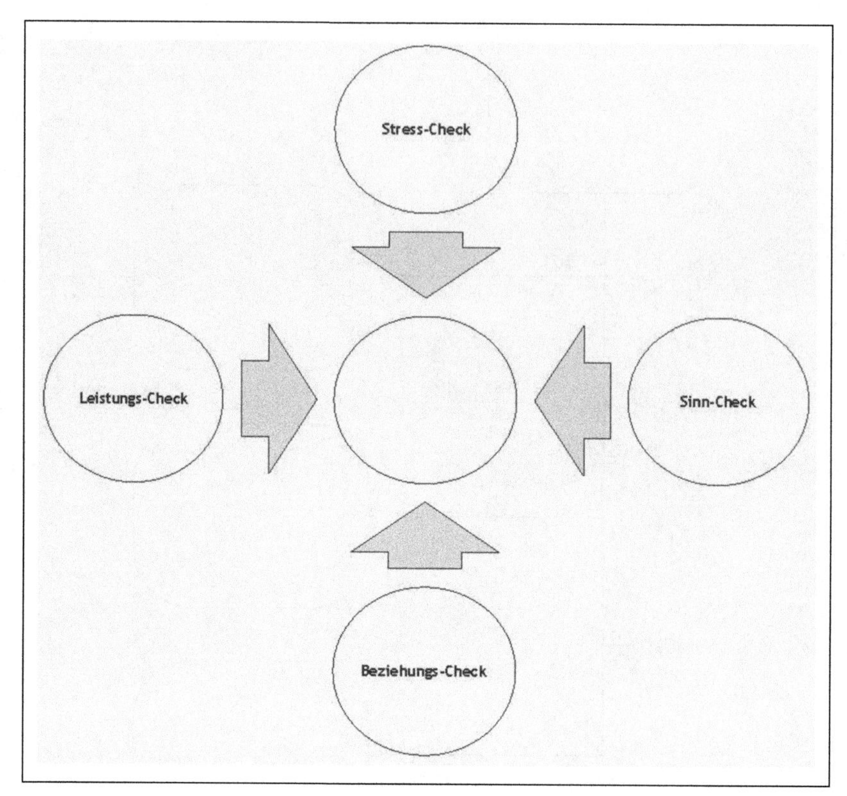

Abbildung 15: Summe des Check-in

Damit ist Ihr Check-in abgeschlossen, und Sie kennen nun Ihre Ausgangssituation. Wenn Ihre Selbstanalyse eher positiv ausfällt, können Sie sich ganz auf die Inhalte Ihres Life-Designs konzentrieren. Ist die Auswertung eher neutral oder überwiegen die negativen Aspekte, werden wir gemeinsam in den nächsten Übungen Ihr inneres Fundament stärken. Bedenken Sie dabei, es ist nicht so wichtig, was hinter oder vor uns liegt, sondern was in uns steckt.

13 Entdecken Sie Ihre Stärken und Talente

Die Grundlage für Ihren Lebenserfolg bilden Ihre Stärken und Talente. Wie können Sie diese in sich selbst entdecken? Ich möchte Ihnen hier einige Methoden vorstellen, die Ihnen dabei helfen, Ihr inneres Potenzial kennen zu lernen.

Erstellen Sie eine Liste von Tätigkeiten, die Sie gerne tun. Schreiben Sie auch Dinge auf, die Ihnen unwichtig oder nebensächlich erscheinen:

____

____

____

____

Fragen Sie Ihren Partner, Ihre Familie, Freunde und Kollegen, was sie an Ihnen schätzen. Worin sind Sie aus Sicht der anderen besonders gut?

____

____

____

____

Finden Sie Ihre Kernkompetenzen. Was können Sie in der Regel am besten? Worin unterscheiden Sie sich von anderen? Was ist einzigartig an Ihnen?

____

____

____

____

Finden Sie Ihre Flow-Momente. Beschreiben Sie eine typische Situation, in denen Sie ein Flow-Erlebnis haben oder hatten:

____

____

____

____

Wenn Sie ein ausführlicheres Profil erstellen möchten, finden Sie im Anhang Links zu verschiedenen Online-Tools zur Ermittlung Ihres Stärkenprofils.

Wenn Sie Ihre Ziele formulieren, ist es ratsam, diese inhaltlich und strategisch an Ihren Stärken und Talenten zu orientieren. Life-Design funktioniert am besten, wenn es auf Ihrem inneren Potenzial aufbaut.

Für den Anfang ist es völlig ausreichend, wenn Sie in jedem Abschnitt einige Stichpunkte notieren. Wenn Sie einmal begonnen haben, sich Ihre Stärken und Talente bewusst zu machen, kommen Ihnen automatisch mehr und mehr positive Eigenschaften über sich selbst in den Sinn. Langfristig verstärkt sich hierdurch Ihr positives Selbstbild. Es lohnt sich also, diese Übung in unregelmäßigen Zeitabständen zu wiederholen.

14 Entdecken Sie Ihre Werte

Was treibt Sie an, was bewegt und motiviert Sie? Worauf gründen Ihre Ziele? Werte sind die grundlegenden „Treiber“, die uns in Bewegung setzen. Erst wenn sich „der Weg lohnt“, machen wir uns auf. Werte bilden sich aus der Summe unserer persönlichen Lebenserfahrung heraus. Anders als Wünsche und Ziele, die spontan entstehen können und sich immer wieder ändern, bilden Werte eine Konstante. Sie sind Teil unserer Persönlichkeit und prägen den Charakter. Anders als Ziele und Wünsche machen wir uns über unsere Werte nur selten bewusst Gedanken. Je besser wir jedoch unsere Werte kennen, desto leichter ist es, unsere Ziele und Projekte an ihnen auszurichten.

Bitte betrachten Sie die Werte auf der folgenden Grafik in Ruhe.

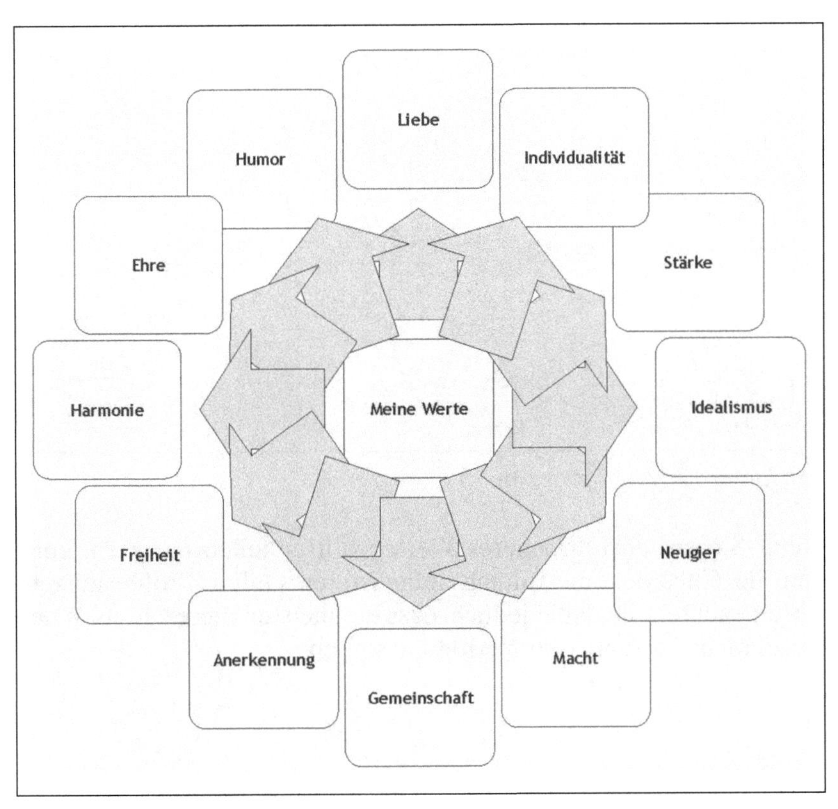

Abbildung 16: Werte

Ordnen Sie nun die Werte in Form einer Wertehierarchie. Welche Werte haben Vorrang? Überlegen Sie dabei, was die einzelnen Werte konkret für Sie bedeuten.

Abbildung 17: Wertepyramide

Wenn Sie ein ausführlicheres Werteprofil erstellen möchten, können Sie eines der im Anhang aufgelisteten Online-Profile nutzen. Bitte beachten Sie dabei jedoch, dass die meisten dieser Tools in der Regel nicht kostenlos zur Verfügung stehen.

15 Vision Building – So entwerfen Sie Ihre Lebensvision

Eine klare Lebensvision wirkt wie ein Leitstern in Ihrem Leben. Wenn Sie bisher nur abstrakt an Ihre Lebenszukunft gedacht haben, wird es nun Zeit, konkret zu werden. Wovon träumen Sie? Worauf möchten Sie am Ende Ihres Lebens zurückblicken und stolz sein? Welche Vorbilder haben Sie, denen Sie nacheifern wollen?

Bevor Sie Ihre Lebensvision aufschreiben, hören Sie bitte die Entspannungsübung auf der Begleit-CD. Da die Gestaltung Ihrer Lebensvision primär eine Funktion Ihrer rechten Hirnhemisphäre ist, lassen Sie sich einfach durch diese Übung inspirieren. Schreiben Sie im Anschluss an die Übung Ihre Gedanken und Vorstellungen auf.

Meine Lebensvision, die mein Leben gemäß meiner Potenziale, Werte, Wünsche und Ziele bestimmen soll:

____

____

____

____

____

____

____

____

____

____

____

____

■ **Einige Fragen zu Ihrer Lebensvision:**

- Wie wird mein Persönlichkeitsprofil sein?
- Wie werde ich mich in meiner Haut fühlen?
- Mit wem werde ich meine Lebensvision teilen?
- Wo und wie werde ich leben (Traumhaus, Trauminsel o.ä.)?
- Welche berufliche/geschäftliche Position werde ich innehaben?
- Wie groß wird mein Einkommen/Vermögen sein?
- Welche Menschen werden außer mir an meinem Erfolg teilhaben?
- Wodurch werde ich die Welt wertvoller gemacht haben?

Sie können diese Fragen im Kopf beantworten oder aufschreiben und Ihre Notizen gelegentlich ergänzen.

16 Ziele formulieren mit dem ZieleGuide

Wenn Sie Ihre Stärken und Talente, Ihre Werte und Ihre Lebensvision definiert haben, folgt der nächste Abschnitt in Ihrem Life-Design: Ihre persönlichen Ziele formulieren. Auf den folgenden Seiten finden Sie eine Printversion unseres Online-Tools „Ziele-Guide." Es besteht aus drei Komponenten:

- einer Einführung in die Prinzipien der modernen Zielsetzungstechnik „SMART",
- einem Ziele-Dialog, mit dem Sie systematisch Ihre persönlichen Ziele formulieren können,
- einem Ziele-Menü mit vielen Beispielformulierungen, die Sie ganz leicht individuell anpassen können.

Beschäftigen wir uns zunächst mit der „Zielsyntax". Ganz ähnlich wie Musiker und Komponisten, die Noten als Zeichensystem zur Verständigung untereinander verwenden, benutzen zielorientierte Menschen weltweit eine einheitliche „Grammatik" der Zielsetzung. Man bezeichnet diese Zielsprache als SMART, wie das kleine Stadtauto, mit dem man überall schnell hinkommt.

SMART ist eine Abkürzung und steht für:

- **Spezifisch**
  Definieren Sie genau, was Sie erreichen wollen. Ihre rechte Gehirnhälfte benötigt eine konkrete Zielsituation, auf die sie zusteuern kann. Eine konkrete Zieldefinition stellt den Zielnavigator im Nervensystem exakt ein. Mit unklaren, widersprüchlichen oder negativen Vorgaben kann die Gestaltfunktion im Gehirn nichts anfangen (vgl. Suchmaschine im Internet!).
- **Messbar**
  Machen Sie konkrete Angaben zur Quantität. Legen Sie Ihr Ziel mit konkreten Zahlen fest. Nur so können Sie überprüfen, ob sie Ihr Ziel erreicht haben. Je vager das Volumen, desto unkonkreter ist das Ergebnis (dies gilt natürlich nicht für „weiche Ziele" im emotionalen Bereich). Dennoch sollten Sie versuchen, weiche Ziele in konkrete und qualitativ messbare Teilziele zu zerlegen.

- **Aktionsorientiert**
  Was können Sie dafür tun, Ihr Ziel umzusetzen und zu realisieren? Ziele machen nur Sinn, wenn sie motivieren und Handlungsimpulse auslösen. Ergänzen Sie zum Beispiel einen Satz wie „Ich genieße meine neuen Freiräume“ durch „Ich verbringe mindestens eine halbe Stunde am Tag mit meiner Lieblingsbeschäftigung“.

- **Realistisch**
  Jedes gesteckte Ziel, das Sie erreichen, erhöht Ihre Zielsicherheit. Setzen Sie sich deshalb nur realistische Ziele, die Sie erreichen können und wollen. Weniger ist mehr. Ziele sind nur sinnvoll, wenn Sie durch Ihre Vorgaben beflügelt werden und sich freuen, Ihre Ziele zu verwirklichen.

- **Terminiert**
  Schließen Sie die Pforten zu Stankt Nimmerlein. Ihre Lebenszeit ist begrenzt. Wenn Sie Ihren Erfolg in diesem Leben genießen möchten, ist es nicht unerheblich, wann Sie Ihre Ziele erreichen. Setzen Sie sich deshalb realistische Termine. Eine Deadline ist wie ein Imperativ, ein Ausrufungszeichen, das Sie mobilisiert (Terminierung verträgt sich sehr gut mit einer realistischen schriftlichen Ziele- und Zeitplanung).

Zieledialog

Der ZieleGuide unterstützt Sie durch eine einfache Hilfefunktion bei der Formulierung Ihrer Ziele. Zunächst gliedern Sie Ihre Ziele in verschiedene Lebensbereiche auf. Zu jedem Bereich macht Ihnen der ZieleGuide Vorschläge durch Beispielsätze. Diese Ziele können Sie individualisieren und an Ihre persönlichen Wünsche und Ziele anpassen.

Der Einstieg in Ihren persönlichen Zieledialog ist leicht. Denn er beginnt mit der Frage: „Welches ist Ihr aktuell wichtigstes Ziel?“ Ihr vorrangiges Ziel verdient Ihre besondere Aufmerksamkeit, denn nichts motiviert Sie stärker im Jetzt. Wenn Sie bisher nicht systematisch mit Zielsetzungen gearbeitet haben, sind Ihre Ziele zwar auch in Ihrer Gedankenwelt verankert. Allerdings bekommen Ihre Ziele erst mit dem SMART-System die Schlagkraft, die Sie benötigen, um sie konsequent zu verwirklichen.

Schreiben Sie Ihr wichtigstes Ziel jetzt nach dem SMART-System auf. Stellen Sie dabei Ihr erwünschtes Ergebnis in den Mittelpunkt, und formulieren Sie positiv (z.B. neuer Job, neue Wohnung, neue/r Partner/in, neue Finanzierung etc.). Weitere Beispiele finden Sie unten im Ziele-Menü.

____

____

____

____

Formulieren Sie nun Ihre Ziele im Bereich „Persönlichkeit". Verwenden Sie klare Formulierungen, die ausdrücken, wie Sie Ihre Persönlichkeit definieren möchten. Welche positiven Eigenschaften und Fähigkeiten möchten Sie verstärken (z.B. selbstbewusst, ausgeglichen, liebenswert, charismatisch, motiviert, flexibel, kommunikativ, zielorientiert). Weitere Sätze finden Sie im Ziele-Menü weiter unten.

____

____

____

____

Formulieren Sie nun Ihre Ziele im Bereich „Selbstmanagement". Dieser Bereich bezieht sich stärker auf die Art, wie Sie die täglichen Dinge tun und sich selbst organisieren. (z.B. konzentriert, geplant, umsichtig). Weitere Sätze finden Sie im Ziele-Menü.

____

____

____

____

Formulieren Sie nun Ihre Ziele im Bereich „Karriere und Beruf“. Hier können Sie sowohl kurz- als auch langfristige Karriere- und Geschäftsziele formulieren (z.B. „Ich leite unsere Abteilung/mein Unternehmen erfolgreich“, „unsere Produkte verkaufen sich immer besser“, „meine Vorgesetzten/Mitarbeiter/Partner respektieren mich“). Weitere Sätze finden Sie im Ziele-Menü.

____

____

____

____

Formulieren Sie nun Ihre Ziele aus den Bereichen „Beziehung, Familie und Freizeit“. Überlassen Sie Ihr Privatleben nicht dem Zufall. Ihre Vorstellungskraft trennt nicht zwischen Privat und Beruf. Nur wenn Sie sich auch privat Ziele setzen, können Sie Ihre Beziehungen positiv gestalten und damit zu einem Erfolgsfaktor machen, der Sie unterstützt (z.B. „Ich genieße eine erfüllende Partnerschaft“, „ich habe Zeit für meine Familie und Freunde“, „ich genieße meine Hobbys in meiner Freizeit“). Weitere Sätze finden Sie im Ziele-Menü.

____

____

____

____

Ziele-Menü

Diese Zielsätze basieren auf mehreren tausend Ziele-Coachings. Sie enthalten die am häufigsten verwendeten Zielformulierungen. Natürlich bilden Sie nur einen kleinen Ausschnitt an möglichen Formulierungen. Weitere Anregungen finden Sie auf unserer Website. Achten Sie darauf, dass Sie die Zielformulierungen des Ziele-

Menüs nach dem SMART-System an Ihre persönlichen Anforderungen anpassen.

„Ich bin als Geschäftsführer (Vorgesetzter) bei Partnern, Mitarbeitern und Kunden beliebt und respektiert.“

Nach Anpassung an das SMART-System lautet die Formulierung:

„Ich bin bis 31.8. Geschäftsführer der Firma ‚Sempersuccess Unlimited‘. Durch meinen integrativen Führungsstil bin ich bei unseren Partnern, Zulieferern, Mitarbeitern und Kunden beliebt und respektiert.“

■ **Zielebereich „Persönlichkeit“**

- „Ich bin eine positive Persönlichkeit und motiviere meine Mitmenschen.“
- „Ich bin selbstbewusst und ausgeglichen.“
- „Ich bin einzigartig und wertvoll.“
- „Ich bin voller Lebensfreude.“
- „Ich stelle mich den Herausforderungen.“
- „Ich wachse über mich selbst hinaus.“
- „Ich entwickle Charisma.“
- „Ich bin es wert, meine Wünsche und Vorstellungen zu verwirklichen.“
- „Ich sage ja zu mir.“
- „Ich akzeptiere mich ganz so, wie ich bin.“
- „Ich mag mich.“
- „Ich bin liebenswert.“
- „Es ist in Ordnung, dass ich glücklich und erfolgreich bin.“
- „Ich bin ein Magnet für Liebe, Glück und Erfolg.“

- **Zielebereich „Selbstmanagement"**

- „Ich setze meine Vorstellungen und Ziele zum Wohle aller konsequent durch."
- „Durch optimales Zeitmanagement und Delegieren bin ich mit meinen Führungsaufgaben immer auf dem aktuellen Stand."
- „Durch Ruhe und Erholung schöpfe ich immer neue Kraft."
- „Ich bin schöpferisch und kreativ."
- „Sport, gesundes Essen und eine positive Einstellung halten mich fit, gesund und schlank."
- „Mühelos erreiche und halte ich mein Wunschgewicht."
- „Meine Gesundheit ist mir wichtiger als Rauchen."
- „Alle Organe und Drüsen arbeiten harmonisch."
- „Ich habe eine gesunde, aufrechte Körperhaltung."
- „Ich schalte abends leicht ab, schlafe tief und erholsam, und deshalb erwache ich gut gelaunt."
- „Ich bilde mich ständig weiter (Seminare, Bücher etc.)."
- „Ich lerne leicht und schnell (z.B. Fremdsprachen)."
- „Ich belohne mich für meine Erfolge (z.B. mit schönen Reisen, schöner Kleidung etc.)."
- „Wohlstand und Erfolg sind mir von Herzen willkommen."
- „Mein Leben und Wirken ist für alle ein Gewinn."
- „Je größer meine Selbstwertschätzung, desto größer ist mein Erfolg."
- „Ich bin mir in jeder Situation selbst treu."
- „Englisch ist leicht und macht Spaß."

- **Zielebereich „Karriere und Beruf"**

- „Meine Firma ist für alle ein Gewinn."
- „Optimaler Service und effizientes Management halten und erweitern unseren Marktanteil (Umsatz, Rendite) permanent."
- „Meine Mitarbeiter sind loyal, zuverlässig, verantwortungsbewusst."

- „Ich verdiene ein Spitzengehalt von mindestens X Euro netto im Monat."
- „Der Monats- (Jahres-) Umsatz beträgt mindestens X Euro."
- „Ich habe eine günstige und großzügige Finanzierung (Summe)."
- „Meine Investitionen bringen neue Marktanteile und erhöhen den Ertrag."
- „Unser Produkt (Service) ist bei unseren Kunden beliebt und gefragt."
- „Ich bin als Geschäftsführer (Vorgesetzter) bei Partnern, Mitarbeitern und Kunden beliebt und respektiert."
- „Ich lege meinen Gewinn (Verdienst) steuergünstig und sicher an."
- „Mein Vermögen wächst solide und beständig."

Zielebereich „Beziehung, Familie, Freizeit"

- „Ich nehme mir Zeit für meinen Partner (Familie, Kinder, Freunde)."
- „Meine Freizeit ist interessant und abwechslungsreich."
- „Meine Familie und Freunde lieben und fördern mich; sie sind immer für mich da."
- „Ich führe eine aktive, liebevolle, zärtliche Beziehung."
- „Mein Liebesleben ist leidenschaftlich und erfüllend."
- „Ich habe Zeit für dich und mich."
- „Meine Gespräche sind offen und konstruktiv."
- „Meine Familie ist immer gesund und abgesichert."
- „Ich genieße schöne Reisen, Kunst und Kultur in meiner Freizeit."
- „Ich genieße die Natur mit meiner Familie und meinen Freunden."
- „Ich liebe meine Heimat und bin auf der ganzen Welt herzlich willkommen."

SMARTE Ziele, Softskills und Affirmationen

Das SMART-System wurde primär für die Personalentwicklung konzipiert. Die Zielformulierungen orientieren sich an konkreten Handlungen und zielführenden Aktivitäten, die zu überprüfbaren Ergebnissen führen sollen. Mit Hi-Tec-Motivation können Sie konkrete Handlungsimpulse nach dem SMART-System initiieren. Die weichen Anteile der Zielvereinbarung, insbesondere die in Coachingprozessen entstehende Persönlichkeitsentwicklung, ist über das SMART-System nur bedingt abzudecken. Um die so genannten „Soft Skills“ zu trainieren und neue Einstellungen oder Sichtweisen auszuprobieren, verwendet man im Coaching und Mentaltraining so genannte „Affirmationen“. Das Ziele-Menü des ZieleGuides enthält neben den Vorlagen für SMART-Ziele eine Reihe von Affirmationen, also positive Aussagen, die einen bestimmten Lebensbereich positiv verstärken sollen. Erfahrungsgemäß sind offene Affirmationen im Soft-Skill-Bereich sinnvoller als terminierte Ziele. Hierdurch werden Entwicklungen angestoßen und Denkanstöße gegeben. Als Hi-Tec-Motivation digitalisierte Affirmationen können vielfältig eingesetzt werden und unterstützen sanft, nachhaltig und ganzheitlich Ihren Entwicklungsprozess.

17 Mit Alpha-Entspannung per Knopfdruck immer und überall entspannt

Nachdem Sie Ihre Ziele formuliert und schriftlich fixiert haben, ist die Vorarbeit der linken Hirnhälfte erfolgreich bewältigt. Sie hat eine Pause verdient. Den nächsten Schritt überlassen wir deshalb der rechten Hirnhemisphäre. Den Staffelstab gekonnt an die inneren Gestaltfunktionen zu übergeben ist in unserer logischen Welt eine echte Herausforderung.

Die Begleit-CD unterstützt Sie deshalb durch sehr einfache Übungen bei der wirkungsvollen „Übermittlung" Ihrer Ziele an die Gestaltfunktionen Ihrer rechten Hirnhemisphäre: Entspannung und kreatives Visualisieren. Wenn Sie bisher noch keine Erfahrungen mit Entspannungsübungen gemacht haben oder mit einem mittleren bis hohen Stresslevel konfrontiert sind, möchte ich Ihnen die erste Übung der Begleit-CD besonders ans Herz legen. Mit der Progressiven Muskelentspannung lernen Sie sehr rasch, Ihren Körper und Geist systematisch zu entspannen und Stresssymptome abzubauen. Sollten Sie tagsüber für diese Übung keine Zeit finden, ist es auch möglich, diese Übung im Bett zum Einschlafen zu hören. Die Übungen mit Hi-Tec-Motivation lassen Sie automatisch entspannen, sobald Sie beim Hören Stereokopfhörer verwenden.

Probieren Sie einfach aus, wie Sie sich fühlen, wenn Ihr Gehirn sich auf den Alphamodus einschwingt. Sie spüren die Alphawellen bereits nach wenigen Minuten. Die Muskeln werden lockerer, die Atmung vertieft sich, Ihre Stimmung und Fantasie werden von den Endorphinen sanft stimuliert.

Entspannung ist der Schlüssel zu anhaltendem Wohlbefinden und dauerhaftem Erfolg

Entspannungsübungen für sich sind bereits eine wertvolle Erfahrung. Wenn Sie sich eine Entspannungstechnik aneignen, die Ihnen persönlich liegt, und diese regelmäßig praktizieren, kann sich dadurch sehr viel in Ihrem Leben bewegen. Sie werden stressresistenter, stärken Ihr Immunsystem und haben generell einen „längeren Atem".

Im ersten Teil des Buches haben wir gesehen, wie unser funktionaler Alltag durch Stress und Hektik unser System überlastet und durch eintönige Routinen unsere kreativen Gestaltfunktionen in der rechten Hirnhemisphäre blockiert. Entspannungsübungen sind ein „exit window" aus dieser linksdominanten Routine. Sie stimulieren und reaktivieren unser inneres Potenzial.

Life-Balance und Life-Design sind erst möglich, wenn wir einen Gang herunterschalten. Die meisten Erwachsenen tun sich mit dem aktiven Entspannen schwer. Selbst wenn sie es abends leicht schaffen, abzuschalten und ihre Gedanken gut fokussieren können, eine aktive Entspannung am Tag ist für neun von zehn berufstätigen Menschen eine echte Herausforderung. Deshalb ist die wichtigste Phase auf dem Weg zu Ihrem persönlichen Life-Design die Relaxphase. Wenn Sie dieses Thema am liebsten überspringen würden, werden Sie auch mit Hi-Tec-Motivation das alte Hamsterrad nicht verlassen. Ihr Handlungsradius wird sich vielleicht etwas vergrößern, aber die Spielregeln der Hast werden sich nicht ändern.

! ***Machen Sie es sich zu einer sportlichen Herausforderung, Entspannung als Ihren wichtigsten Erfolgsfaktor im Leben zu etablieren.***

Es mag am Anfang schwierig erscheinen, den Trott im Büro zu unterbrechen. Vielleicht wundern sich Kollegen, warum Sie neuerdings mit einem MP3-Player im Bürosessel sitzen und vor sich hinträumen, während andere „eine rauchen gehen" oder einen Kaffee trinken. Tun Sie es trotzdem. Wenn der erste Widerstand gegen die neue Routine verflogen ist, werden Sie die Relaxpause als etwas ganz Normales empfinden. Und ich bin sicher, Sie möchten nie mehr darauf verzichten.

Der zweite wichtige Aspekt beim Entspannen ist die Übertragung Ihrer Zielvorgaben in den Gestaltmodus.

! ***Es gibt keinen besseren Zustand, um Ihre Zielmotivation zu verstärken und klare Zielvorstellungen zu entwickeln, als eine aktive Entspannung in der Alphaphase.***

Wie Sie das bewerkstelligen, ist Ihrem Gehirn relativ egal. Die Begleit-CD macht es Ihnen jedenfalls sehr leicht, jederzeit und zu jeder Gelegenheit innerhalb kürzester Zeit sicher in den Alphazustand zu kommen. Wenn Sie viel unterwegs sind, können Sie die so genannten „toten Zeiten" zum Entspannen nutzen. Überall dort, wo Sie auf etwas warten müssen, im Flieger oder Zug, in Seminar- und Meetingpausen, ja selbst bei passiven Tätigkeiten wie dem Surfen im Internet.

Alphafrequenzen verstärken die Hemisphären-Synchronisation und die Integration der Hirnfunktionen. **!**

Dieser Aspekt des digitalen Entspannungstrainings ist den wenigsten bekannt, sollte aber auf der Anwenderebene nicht unerwähnt bleiben. Erinnern wir uns an die Funktion der Gehirnwellen. Jede Hirnregion verwendet ein eigenes Frequenzband. Vergleichbar mit einem Radiosender können wir über eine bestimmte Frequenz Hirnfunktionen abrufen. Die Logikfunktionen der linken Hirnhälfte arbeiten im Betabereich, während die Gestaltfunktionen der rechten Hirnhälfte im Alphabereich funktionieren. Wenn wir nun Stereokopfhörer aufsetzen und über ein stereophones Tonsignal eine Alphaamplitude hören, regt diese Frequenz beide Hirnhälften an, synchron in einer Frequenz zu schwingen. Diesen Zustand nennt man in der Psychoakustik Hemisphären-Synchronisation. Ein in diesem Zusammenhang verwandter Begriff ist die Kohärenz oder Zentrierung. Sie beschreibt die Folgereaktion auf die Gleichschwingung der beiden Hirnhälften. Die Hirnaktivität verlagert sich auf die zentralen Bereiche um das Corpus Callosum. Es findet also durch die Alphaschwingung eine deutlich verstärkte Kommunikation zwischen den Hirnhemisphären statt. Diese Synchronisation wird normalerweise erst nach jahrelanger Meditationspraxis erreicht.

Hirnhemisphären-Synchronisation ist ein echtes Monsterwort der modernen Psychoakustik-Forschung. Dahinter steckt jedoch der Schlüssel zu unserem Life-Design. Denn erst wenn wir unser Gehirn trainieren, in diesem Zustand zu operieren, können wir in einem Höchstmaß auf die Gestaltfunktionen zugreifen. Mit kognitiven Methoden oder klassischen Entspannungstechniken ist dieser Zustand im Allgemeinen nur mit einem sehr hohen Zeitaufwand möglich.

Trance sollte nur unter fachlicher Aufsicht stattfinden. **!**

Wenn Sie bereits Erfahrung mit Hard- oder Software mit Klangfrequenzen haben, möchte ich Sie vor einem Irrglauben warnen. Besonders amerikanische Hersteller suggerieren gerne, dass die Tiefe der Entspannungsfrequenz entscheidend für das Relax-Erlebnis ist.

Tiefe, tranceähnliche Entspannungszustände ohne die Supervision eines erfahrenen professionellen Entspannungstrainers oder Meditationslehrers können gefährliche Folgen haben. Ich rate Ihnen deshalb von Systemen ab, die es ermöglichen, unkontrolliert Theta- und Deltafrequenzen und damit tiefe Trancezustände zu induzieren. Diese Erlebnisse können so intensiv wie eine halluzinogene Droge wirken und im schlimmsten Fall psychotische oder epileptische Anfälle auslösen.

Entscheidend für Ihre Life-Balance und Ihr Life-Design ist nicht die Tiefe der Entspannung, sondern die Tatsache, dass überhaupt Entspannung und Synchronisation erlebt werden. Für die linke Hirnhälfte ist es mit einer gewissen Trainingsanstrengung verbunden, in tieferen Frequenzbändern zu operieren. Deshalb sollten Sie Ihr bislang tonangebendes operatives Planungsinstrument behutsam an die verstärkte Zusammenarbeit und die neue Arbeitsteilung mit der rechten Hirnhälfte gewöhnen.

! ***Alphatraining ist absolut sicher und wirkungsvoll.***

Auf unseren CDs verwenden wir prinzipiell nur Alphafrequenzen, da diese zum einen völlig ausreichend sind und zum anderen keine Form von Trance ermöglichen. Dies bedeutet für Sie jederzeitige Kontrolle über das Entspannungserlebnis und bewusste Steuerung Ihrer Zielvorstellungen.

Wenn Sie tiefer in das Thema Synchronisation einsteigen möchten, empfehle ich Ihnen als Grundlage einen Einführungskurs in eine klassische Methode, wie sie heute bei fast allen Volkshochschulen angeboten wird. Yoga zum Beispiel bietet den Vorteil, dass die Hemisphären-Synchronisation in der Entspannung durch spezielle Körperübungen systematisch vorbereitet wird. Wie bereits erwähnt, bieten sich auch viele Übungen aus der Kinesiologie dazu an, Körper und Gehirn zu integrieren und zu synchronisieren (siehe Kapitel „Splitbrain“ im 1. Teil).

„Der ideale Tag" – Das innere Drehbuch für Ihren Zielerfolg

Wenn Sie Ihre Zielplanung mit dem ZieleGuide, einem Workshop oder einem anderen Planungsinstrument durchgeführt haben, ist es sinnvoll, die Zielformulierungen in einen Kontext zu bringen, den die Gestaltkomponenten der rechten Hirnhemisphäre nachvollziehen können. Eine weit verbreitete Übung hierzu ist eine mentale Zeitreise zu einem Punkt in der Zukunft, an dem Sie Ihre Ziele erreicht haben werden. Um diesen Zeitsprung plastischer zu machen, konstruieren Sie in Ihrer Vorstellung Ihren „idealen Tag". Dabei gehen Sie systematisch und chronologisch Ihren Tagesablauf gedanklich durch. Sie durchlaufen quasi alle erwünschten Veränderungen innerhalb Ihrer Tagesroutinen. Diese Übung erfüllt verschiedene Funktionen. Zunächst überprüfen Sie die Konsistenz Ihrer Zielplanung. Nur eine realistische Zielprojektion hat Chancen auf Verwirklichung. Der ideale Tag ist so etwas wie eine Plausibilitätsrechnung der Gestaltfunktionen im Gehirn. Lässt sich ein Aspekt Ihrer Zielsetzungen nicht „einbauen" oder widerspricht er einem anderen Aspekt, zeigt sich dies sehr rasch beim Entwurf des Drehbuchs für Ihren idealen Tag. Eine weitere Funktion liegt in der Integration der Zielformeln mit unterschiedlichen Hirnfunktionen.

■ Schreiben Sie Ihren idealen Tag auf

Wenn Sie die einzelnen Zielsätze zu einer „Story" verknüpfen, entsteht ein kreatives mentales Erfolgsmodell. Dieses Kontrastprogramm zur gegenwärtigen Routine erzeugt einen Spannungsbogen in Ihrer Vorstellung. Unser Körper lebt immer im Jetzt. Er setzt unsere Ziele um oder lässt alles beim Alten.

■ Visualisieren Sie Ihren idealen Tag

Um die Übung zu vervollständigen, ist es am wirkungsvollsten, den idealen Tag in der Alphaentspannung zu visualisieren. Diese Visualisierung verstärkt die Attraktorwirkung Ihrer Ziele auf der Gestaltebene und zieht Ihre Ziele in Ihren Alltag hinein. Damit wären wir bei der dritten Funktion des idealen Tages: Ihre Ziele in das Jetzt zu integrieren. Denn je weiter weg Ihre Zielprojektionen von Ihrer gegenwärtigen Alltagsroutine sind, desto geringer ist die Chance, dass Sie diese in Ihren Alltag integrieren.

Wie nicht anders zu erwarten, finden Sie diese Übung zur Unterstützung auf der Begleit-CD. Tipps, wie Sie eine eigene CD mit Ihrem persönlichen Text besprechen, finden Sie im Anhang.

18 Vom Wochenkompass zum Traumcoach – Mit System zum Erfolg

Das klassische Zeitplanungsinstrument war über Jahrzehnte unangefochten das Filofax, ein kleiner handlicher Kalender im Ledereinband. Je nach Ausführung und Hersteller mit mehr oder weniger ansprechender Optik und Planungsinstrumenten wie Kalendarium, Ziel- und Projektplaner, Adressdatei, Taschenrechner, Kugelschreiber.

Ein wichtiger Bestandteil eines typischen Zeitmanagement-Seminars ist die Einführung in die Arbeit mit dem Zeitplaner. Das moderne Zeitmanagement nach Seiwert empfiehlt den Schwerpunkt der Planung auf die Woche zu legen. Der Wochenplan dient als Kompass und Richtschnur, um strukturiert auf die persönlichen Ziele hinzuarbeiten. Der Wochenkompass wird vor Wochenbeginn ausgefüllt und in den bestehenden Zeitplaner eingeheftet. Eine Kopiervorlage finden Sie auf der Website von Lothar Seiwert als kostenlosen Download.

Egal, welches Planungsinstrument Sie nutzen, Hauptsache ist, Sie tun es regelmäßig. Denn geschickte Planung ist einer der grundlegenden Zielerfüllungsfaktoren im Alltag. Sie gibt uns eine Richtschnur, um planvoll unsere Ziele umzusetzen.

Die meisten erfolgsorientierten Menschen arbeiten heute regelmäßig mit elektronischen Medien. PC, Blackberry, Handy, Internet, MP3-Player und Beamer sind unsere täglichen Begleiter. Besonders beliebt sind digitale Organizer, die bequem mit der mobilen und stationären Computerlandschaft synchronisiert werden können. In den letzten Jahren haben sich die kleinen „Handhelds“ zu richtigen Computern gemausert und integrieren Mobiltelefonie, Organizer und Office-PC-Anwendungen mit einer ansehnlichen Speicherkapazität. Die Zahl der digitalen Planungsinstrumente am Markt wächst unaufhörlich. Schade ist nur, dass die meisten Tools mit einer linearen IT-Logik konstruiert sind. Sicher können Sie für Ihr Aufgaben- und Terminmanagement weiter mit solchen Tools arbeiten. Dies sollten Sie vor allem dann tun, wenn Sie damit zuverlässig und sicher auf Ihre erwünschten Ergebnisse zusteuern. Jedes Tool ist nur so viel wert, wie Sie persönlichen Nutzen daraus ziehen.

Wenn Sie jedoch Ihr persönliches Life-Design mit einem IT-basierten Tool gestalten möchten, reichen die klassischen Planungsinstrumente in der Regel nicht aus. Dies gilt leider auch für Programme zur ganzhirnigen Visualisierung von Planungsprozessen. Hierunter fallen besonders Softwareprogramme zur Erstellung von Mindmaps und Projektmanagement. Mindmaps bieten zwar eine wunderbare Möglichkeit, Projektmanagement, Brainstorming und Handouts ganzhirnig zu gestalten. Als virtuelles Coachinginstrument fehlt ihnen jedoch ein entscheidender Faktor: persönliche Ziele intelligent zu vernetzen und audiovisuell umzusetzen.

Software zur Erstellung eigener Bildschirmschoner mit persönlichen Grafiken und Sounds bietet die Möglichkeit, Zielcollagen zu erstellen und in die tägliche Routine am Bildschirm zu integrieren. Wenn Sie Zieleplanung und Motivation innerhalb einer Anwendung nutzen möchten, bietet die Software Traumcoach eine integrierte Lösung. Da ich sehr viel Zeit am Computer verbringe und selbst bei optimaler „rückengerechter" Haltung Spannungen auf Dauer kaum zu vermeiden sind, versuche ich, die Computerroutine durch kurze inspirierende Pausen immer wieder zu unterbrechen. Neben dem Besuch inspirierender Websites nutze ich den Traumcoach, um nachhaltig Inspiration, Entspannung und Zielmotivation durch eine kurze „Power-Break" zu erleben.

Der Traumcoach vereint die hier als Printversion vorgestellten Übungen in Form einer Datenbank. Durch eine Importfunktion können eigene Bilder, Grafiken und Sounds in den gängigen Formaten importiert werden. Der Traumcoach erzeugt dann aus den eingegebenen Texten, Bildern und Sounds eine audio-visuelle Collage auf dem Computerbildschirm, die jederzeit leicht aktualisiert werden kann.

In den Grundeinstellungen lässt sich die Traumcoach-Funktion in Intervallen als Pop-up einstellen. Nach einer beliebigen Zeitspanne öffnet sich automatisch der Traumcoach und bietet eine motivierende und inspirierende Traumcoach-Session an.

Was die Software von anderen abhebt, ist, dass die Entwickler berücksichtigten, wie schwer es Anwendern von Zielsetzungstechniken im Alltag immer wieder fällt, von der täglichen Routine abzuschalten und auf den „R-Modus" der rechten Gehirnhälfte umzuschalten. Die Software verzichtet deshalb auch auf überbordende Features, die ungeübte User eher abschrecken oder verwirren. Das

Tutorial ist einfach gefasst, die Menüführung ist selbsterklärend und die Eingabefunktionen sind leicht verständlich.

Ein besonderes Highlight ist, dass man zusätzlich zur Eingabe der persönlichen Zieltexte und Zielbilder Soundtracks mit Hi-Tec-Motivation einbinden kann. Aus Sicht von IT-Profis mag es sicher die eine oder andere Optimierungslücke in der Software geben, so fehlt eine Synchronisierungsoption, um die persönlichen Daten auf einen anderen PC zu übertragen, und mitunter kommt es zu Wiederholungssequenzen durch den Zufallsgenerator, der den Traumcoach programmiert. Dies sind jedoch nur kleine Bugs im Vergleich zu dem Nutzen des Zufallsgenerators. Er kombiniert die eingegebenen persönlichen Ziele mit inspirierenden Fragen. Diese Denkanstöße geben Handlungsimpulse oder inspirieren und motivieren, die persönlichen Ziele aktiver anzugehen. Die Traumcoach-Software macht vor allem Sinn, wenn man eine feste Routine für sein Life-Design entwickeln möchte, die innerhalb der Komfortzone des Arbeitsalltags liegt.

■ Online-Service

Ich habe mich bemüht, die in diesem Buch vorgestellten Tools, soweit sie keine Freeware sind, über einen ergänzenden Download-Bereich auf unserer Website für Sie verfügbar zu machen. Je nach technischer Möglichkeit finden Sie hier Demo-Versionen oder Links. Da der Softwaremarkt ständig in Bewegung ist, werden wir uns gemeinsam mit dem Verlag bemühen, Ihnen ein aktuelles Angebot an Links und Partnerprogrammen online zur Verfügung zu stellen. Natürlich freuen wir uns auch über Feedback und Anregungen von Ihnen.

Im Anhang des Buches finden Sie sowohl eine Übersicht der wichtigsten im Buch beschriebenen Tools als auch eine Linksammlung zu weiterführenden Websites und einen Zugang zum Downloadbereich auf unserer Website.

19 So nutzen Sie die Übungen der Begleit-CD

Die Begleit-CD ist als virtueller Coach konzipiert. Sie können sie als täglichen Begleiter, als Motivator, Impulsgeber, Inspirator und als Entspannungstrainer nutzen. Das digitale Aufnahmeverfahren der Hi-Tec-Motivation ermöglicht es Ihnen, die CD sowohl passiv als auch aktiv zu nutzen.

Aktives Training bedeutet, Sie nehmen sich Zeit und Muße, um mit den Übungen der CD zu arbeiten, ohne dabei durch andere Aktivitäten abgelenkt oder gestört zu werden. Sie wirken direkt oder indirekt bei der Übung mit. Damit die Übungen ihre volle Wirkung entfalten können, ist es notwendig, dass Sie die Augen schließen, Ihre Aufmerksamkeit nach innen lenken und nicht von äußeren Faktoren abgelenkt werden, wie beispielsweise Telefon, Handy oder Ähnliches.

Passives Training bedeutet, dass Sie die Hi-Tec-Motivation mit Musik oder Natursounds leise im Hintergrund hören, während Sie mit anderen Dingen beschäftigt sind. Diese Übungen können Sie jederzeit und so oft Sie das Bedürfnis danach verspüren, nutzen.

! ***Erst die Kombination von passivem und aktivem Training bringt optimale Ergebnisse!***

1. Übung: Progressive Muskelentspannung und Visualisation

Diese Übung führt in das klassische Entspannungs- und Erfolgstraining ein. Progressive Muskelentspannung nach Jakobson ist die am weitesten verbreitete international anerkannte Entspannungstechnik. Im Gegensatz zum ebenfalls sehr bekannten Autogenen Training können die Übungen der Progressiven Muskelentspannung ohne ärztliche Aufsicht durchgeführt werden. Sie können diese Übung also bedenkenlos selbstständig durchführen.

! ***Wenn Sie in ärztlicher Behandlung sind oder Medikamente einnehmen, konsultieren Sie bitte vor der Übung Ihren behandelnden Arzt.***

Progressive Muskelentspannung beruht auf dem Prinzip der Anspannung und Entspannung des Muskels. Um alle Körperpartien zu entspannen, benötigen Sie in der Regel 15 bis 20 Minuten. Die Entspannungswirkung entsteht durch die verstärkte Durchblutung des Muskels nach der kurzen Kontraktion. Es werden alle Muskelgruppen nacheinander einzeln entspannt. Hierdurch entsteht eine bewusstere Körperwahrnehmung. Progressive Muskelentspannung harmonisiert bei regelmäßiger Anwendung Ihre Körperfunktionen, verbessert die Tiefenatmung und kann auch chronische Spannungsschmerzen abbauen helfen. Zudem können Sie die Erfahrung des Entspannungserlebnisses „ankern" und im Alltag abrufen, wenn Sie keine Möglichkeit zu einer aktiven Entspannungspause haben. Als Anker können Sie zum Beispiel Ihre Hand zu einer Faust ballen und kurz und intensiv zusammenpressen und wieder lösen. Als Entspannungsanker können Sie auch jede andere beliebige Muskelgruppe verwenden.

Sollten Sie in einer Muskelgruppe akute Schmerzen haben, führen Sie die Anspannung bitte nur in Ihrer Vorstellung aus oder lassen Sie diese Muskelgruppe ganz aus. !

Diese Hinweise finden Sie auch in der Einleitung der Entspannungsübung auf der CD.

Der zweite Teil der Entspannungsübung besteht aus einer geführten Fantasiereise in Ihre persönliche Lebenszukunft zu Ihrem „idealen Tag". Wie bereits im vorigen Kapitel beschrieben, wird bei dieser Übung Ihre Vorstellungskraft aktiviert und auf Ihre Ziele gelenkt. Wenn Visualisieren neu für Sie ist, werden Ihnen folgende Tipps helfen:

- Lassen Sie die Bilder frei fließen, so als würden Sie tagträumen.
- Akzeptieren Sie, dass Sie mitunter nichts „sehen", sondern Ihre Zielvorstellung über einen anderen Sinneskanal läuft, über das Hören, Fühlen, Riechen oder Schmecken.
- Versuchen Sie, die Bildersequenzen aus verschiedenen Blickwinkeln zu betrachten. Wichtig ist, dass Sie Bestandteil Ihrer Zielvorstellungen sind, entweder indem Sie sich von außen wie in einer Filmszene betrachten oder indem Sie durch einen oder mehrere Sinneskanäle direkt die Szene wahrnehmen und in ihr agieren. Holen Sie sich bei Bedarf immer wieder neue Details

über die Sinneskanäle, die auf Ihre Visualisation am leichtesten ansprechen.

- Jede Visualisation ist anders. Häufig sind wir enttäuscht, wenn nicht sofort ein klares, plastisches Bild entsteht. Da es sich hier um ein „Training" handelt, wäre es ein Wunder, wenn auf Anhieb alles perfekt liefe. Visualisieren ist wie ein gutes Glas Wein trinken. Genießen Sie es mit allen Sinnen. Erzwingen Sie nichts, und lassen Sie auch ungewöhnliche Bilder zu. Ihre rechte Gehirnhälfte vermischt mitunter wie beim Träumen Symbole mit realen Situationen. Wenn Sie sich zu Ihren Visualisationen Notizen machen, können Sie mit ein wenig Übung diese Symbolsprache verstehen und nutzen lernen. Symbole können komplexe Zielvorgaben zusammenfassen und mental integrieren. Sie können solche Symbole im Alltag als Anker nutzen.
- Prinzipiell sollten Sie Ihre Übung ohne Ergebniszwang durchführen. Wenn Sie die Entspannung und Visualisation gerne durchführen und sich eine gewisse Neugier und Vorfreude auf Ihre Innenschau entwickelt, ist das die beste Voraussetzung für gute Trainingsergebnisse. Das Gleiche gilt für Ihre Erwartungshaltung bei der Umsetzung Ihrer Zielvisualisationen. Heitere Gelassenheit, so wie ich Sie beim Flow beschrieben habe, wäre wohl die beste Bezeichnung des Gemütszustandes während der „Inkubation" Ihrer Zielvorgaben.

2. Übung: Hi-Tec-Motivation mit Musik

Vielleicht planen Sie in nächster Zeit ein Relax-Wochenende in den Bergen oder an der See. Wenn Sie sich hier mindestens eine Stunde für eine intensivere Entdeckungsreise in Ihre persönliche Lebenszukunft reservieren, dann empfehle ich Ihnen, Übung 1 und Übung 2 ohne Zwischenpause durchzuführen. Ihren Partner können Sie auf diese besondere Reise mittels eines Kopfhöreradapters mitnehmen. Gemeinsam zu entspannen und sich intensiv auf eine positive Zukunft einzustimmen ist ein sehr machtvolles Instrument des Life-Designs!

Im normalen Alltag ermöglicht Ihnen die Übung mit Musik, Alpha-Entspannung und Visualisation ohne eigene Anstrengung zu erleben. Die Klangfrequenzen in der Musik führen Sie innerhalb von wenigen Minuten von einer Betafrequenz um 20 Hertz in einen Bereich zwischen 14 und 7 Hertz. Am Ende der Übung steigt die Frequenz wieder an, sodass es Ihnen leicht fällt, wieder ins normale Wachbewusstsein zu gelangen.

Ich empfehle Ihnen eine Entspannungsübung von mindestens zehn Minuten pro Tag. Die Wirkung der Alphafrequenzen spüren Sie an einem leichten Kribbeln auf der Kopfhaut in der Mitte der Schädeldecke. Diese entsteht durch die verstärkte Durchblutung im Corpus Callosum. Diese Empfindungen können mit jeder Übungseinheit variieren und sind mal stärker, mal weniger intensiv. Sie werden jedoch immer genau beobachten können, was geschieht. Sollten Sie bei der Übung einschlafen, ist dies völlig unbedenklich. Die meisten modernen Audioabspielgeräte schalten sich nach einer gewissen Zeit automatisch ab.

Die mit der Musik verschmolzene digitale Hi-Tec-Motivation stimuliert in der Alphaentspannung ganz sanft Ihr Vorstellungsvermögen. Sie können nun beobachten, welche Visualisierungen entstehen oder selbst eigene Vorstellungen initiieren. Wenn Sie die Visualisierungen aktiv steuern möchten, ist es hilfreich, vor der Übung ein paar schriftliche Notizen über Ihr aktuelles Visualisationsthema oder zu bestimmten Aspekten zu einem Zielbereich zu machen. Damit lenken Sie die Visualisierung ähnlich wie der Sprecher bei der ersten Übung.

Sie können sich auch persönliche Texte aufsprechen und diese mit der Übung 2 kombinieren. Hierzu verwenden Sie am besten eine gängige Audiosoftware.

Wenn Sie sich in einer öffentlichen Situation befinden und beim Hören der Hi-Tec-Motivation über Kopfhörer die Augen geöffnet halten, wird die Alpha-Entspannung nur ganz leicht sein. Dies liegt daran, dass unser Gehirn bei geöffneten Augen leichter Betawellen als Alphawellen produziert. Sollten Sie viel unterwegs sein, beispielsweise im Flugzeug oder in der Bahn, müssen Sie also auch hier nicht ganz auf Ihren virtuellen Mentor verzichten.

Im Auto oder bei anderen Tätigkeiten, die Ihre volle Aufmerksamkeit benötigen, gilt: keine Kopfhörer verwenden und keine Entspannungsübungen! **!**

3. Übung: Hi-Tec-Motivation mit Natursound

Diese Übung ist inhaltlich identisch mit der Übung 2 mit Musik. Sie können die Naturgeräusche bevorzugt als passives Training im Hintergrund verwenden. Dies gilt insbesondere bei allen Tätigkeiten, bei denen eine Ablenkung durch Musik störend wäre.

Wenn Sie über eine Audiosoftware verfügen, können Sie mit Hilfe des Mischpults die Naturgeräusche mit eigenen Musikstücken mischen und sich dadurch eine persönliche Entspannungsübung zusammenstellen.

Wenn Sie die Einschlafphase für Ihr Life-Design nutzen möchten, können Sie die Naturgeräusche über die Stereoanlage abspielen. Stellen Sie das Abspielgerät auf minimale Lautstärke, sodass Sie beim Einschlafen nicht gestört werden. Alternativ hören Sie die Natursounds wie die Musik über Kopfhörer zum Einschlafen.

Die Wirkung der einzelnen Übungen verstärkt sich, wenn Sie diese regelmäßig kombinieren. Dauerberieselung reduziert die stimulierende Wirkung, da – wie bei allen Sinnesreizen – ein Gewöhnungseffekt einsetzt. Mäßiges, aber regelmäßiges Training bringt den besten Nutzen – besonders beim Erreichen wichtiger Ziele.

Text der Hi-Tec-Motivation

Die Digitalisierung von Inhalten in Hi-Tec-Motivation unterliegt den strengen Bestimmungen der Weiterbildungsverbände und dem Ehrenkodex der Weiterbildner in Deutschland. Alle Inhalte wurden nach strengen wissenschaftlichen Kriterien entwickelt und unter unabhängiger Aufsicht digitalisiert.

Die folgenden Zielsätze und Affirmationen wurden durchgängig mit der Musik und den Natursounds verschmolzen. In Kursivschrift finden Sie eine kurze Erläuterung des Inhalts der einzelnen Formeln. Diese Erklärungen können Sie beliebig durch eigene Ideen und Erfahrungen ergänzen und dadurch an Ihre persönlichen Anforderungen anpassen.

- **Ich bin einzigartig und wertvoll.**

Jeder Mensch hat eine einzigartige, unverwechselbare Persönlichkeit. Diese Affirmation stärkt eine positive Selbsteinschätzung und ein entsprechendes Selbstbild.

- **Mit Ruhe und Gelassenheit kann ich alles meistern.**

Wir leben in einer Welt, in der sich alles immer schneller dreht. Dieser Satz verstärkt das Bewusstsein, dass unsere Schaffenskraft aus der Ruhe kommt. Er wirkt als Stressbremse in der täglichen Hektik und erhält auch unter Druck den Überblick.

- **Ich lebe mein Leben aktiv in der Gegenwart und genieße voller Freude den Augenblick.**

Der stärkste Kraftpunkt im Leben ist die Gegenwart. Eine erfolgreiche Zukunft entsteht nicht aus dem Gefühl von Unzufriedenheit. Dieser Satz fördert Akzeptanz dessen, was ist, schafft Handlungsimpulse und verstärkt ein positives Grundgefühl.

- **Ich gestalte mein Leben positiv, erkenne meine Fähigkeiten und nutze meine Möglichkeiten.**

Dieser Satz knüpft direkt an den vorigen Satz an und ergänzt diesen. Das positive Lebensgefühl im Jetzt wird auf die Zukunft ausgedehnt.

- **Ich gebe meinem Leben Sinn und Richtung.**

In dieser Formel konkretisiert sich die positive Einstellung zur Lebenszukunft durch den Lebenssinn und eine geistige Ausrichtung. Er unterstützt bei der Entdeckung und Formulierung des eigenen Lebensmottos.

- **Ich formuliere eine klare Zukunftsvision, die auf meinen Stärken und Talenten aufbaut.**

Weiter aufbauend auf dem vorigen Satz unterstützt diese Formulierung bei der Ausarbeitung einer persönlichen Zukunftsvision.

- **Ich entwickle klare, realistische Ziele und verwirkliche meine Ziele konsequent und zum Wohle aller Beteiligten.**

Nach der allgemeinen Zukunftsvision folgen die konkreten Ziele, kurz-, mittel- und langfristig. Diese Zielformel unterstützt bei der Zielformulierung wie auch bei der Umsetzung der eigenen Ziele im Sinne des gegenseitigen Win/Win.

- **Ich nutze meine Vorstellungskraft zur erfolgreichen Verwirklichung meiner Ziele und Vorhaben.**

Diese Formel aktiviert das Vorstellungsvermögen und lenkt es auf die persönlichen Ziele.

- **Konsequente schriftliche Planung unterstützt meinen Erfolg.**

Diese Formel unterstützt bei der täglichen schriftlichen Planung.

- **Ich wachse mit jeder Herausforderung über mich hinaus.**

Dieser Satz erleichtert es, die eigene Komfortzone beständig zu erweitern und sich größeren Aufgaben und Möglichkeiten im Leben zu stellen.

- **Ich kommuniziere meine Gedanken, Ideen und Vorstellungen offen und selbstbewusst.**

Im Sinne der offenen Kommunikation verstärkt dieser Satz die kommunikativen Fähigkeiten, denn nur wer sich artikuliert, wird gehört!

- **Ich nehme mir Zeit für mich und die Menschen und Dinge, die mir wichtig sind.**

Dieser Satz stärkt den Bereich Life-Balance im Beziehungs- und Aktivitätsbereich.

- **Ich lebe mein Leben in innerer und äußerer Balance.**

Dieser Satz ergänzt den vorherigen und schafft einen Ausgleich im Spannungsfeld zwischen innen und außen.

- **Bewegung, ausgewogene Ernährung und eine positive Einstellung unterstützen mein Wohlbefinden und meinen Erfolg.**

Diese abschließende Formel deckt den Bereich Gesundheit und körperlich-seelisches Wohlbefinden ab. Er unterstützt Sie dabei, jeden Tag proaktiv etwas für Ihr Wohlbefinden zu tun.

Alle Sätze finden Sie in der Einleitung zu den Übungen 2 und 3 mit Hi-Tec-Motivation hörbar gesprochen. Zur leichteren Integration dieser Zielformeln können Sie diese abwechselnd als Tages- oder Wochenmotto in Ihr Zeitplansystem übertragen und über deren Sinn und Bedeutung in Ihrem Leben nachdenken.

Als Verbalisierung etwa während sportlicher Aktivitäten können Sie die Formeln auch laut oder leise vor sich hersagen. Dies ist eine bewährte klassische Erfolgstechnik.

20 Gestalten Sie Ihre eigene CD

Wir sind nun bei der letzten Station unserer gemeinsamen Reise in Ihre Lebenszukunft angelangt. Ich hoffe, diese kleine Einführung in die Prinzipien und Techniken des modernen Life-Designs hat Ihnen ein wenig Freude bereitet. Wir waren gestartet mit der Idee, dass mehr Wissen nicht gleich mehr Erfolg ist. Wir haben den Ausflug in die Welt des Erfolgsdenkens deshalb relativ kompakt gehalten.

Viel entscheidender an dieser Lektüre ist der praktische Teil des Buches, insbesondere die Begleit-CD. Ich habe Sie aus gutem Grund sehr ausführlich mit Ihrem virtuellen Reisebegleiter in Ihre Lebenszukunft bekannt gemacht. Denn so, wie man in fernen Ländern ohne Dolmetscher und Wörterbuch oft ratlos ist, so verhält es sich auch mit unserer Zukunft. Sie ist ein unentdecktes, exotisches Land. Wenn Sie dieser kleine Reisebegleiter Ihrer Lebenszukunft ein wenig näher gebracht hat, wenn Ihr Alltagsstress weniger und Ihre Flow- und Glücksmomente mehr geworden sind, dann, denke ich, hat sich dieses Buch für Sie bezahlt gemacht.

Es wäre sicher nicht ganz aufrichtig, zu behaupten, dass diese kleine Einführung für die Gestaltung eines ganzen Lebens reicht. Der richtige Schub für die Initialzündung ist jedoch das Entscheidende, um die Rakete auf den Kurs zu den Sternen zu bringen. Angenommen, Sie haben Ihren Zielkurs mit den Übungen im Praxisteil und der CD erfolgreich eingegeben und möchten nun die Vorteile von Hi-Tec-Motivation zur Gestaltung Ihrer Lebenszukunft individueller Nutzen. Woran erkennen Sie nun, ob der virtuelle Mentor Ihnen einen realen Nutzen und Vorteil bringt?

Diese Frage können Sie relativ schnell und leicht beantworten. Wenn Sie die folgenden drei Faktoren eindeutig bejahen, kann Hi-Tec-Motivation zu einem echten Erfolgsfaktor in Ihrem Leben werden, vorausgesetzt, Sie nutzen es regelmäßig und gezielt.

- Sie haben in den vergangenen Wochen mindestens eine konkrete Zielvorgabe erfolgreich umgesetzt.
- Ihre Lebensqualität im Alltag hat durch weniger Zeitdruck und mehr Zufriedenheit zugenommen.
- Sie machen Ihr Entspannungs- und Visualisierungstraining mit der CD gerne und regelmäßig.

In unserem kurzen Exkurs über die „Erfolgsmaschine Gehirn" im ersten Buchteil haben wir gelernt, dass die Gestaltfunktionen der rechten Hirnhälfte sehr konkrete Vorstellungsbilder benötigen, um zielführende Handlungsimpulse auszulösen. Um das Potenzial der Hi-Tec-Motivation also voll auszuschöpfen, ist es deshalb am wirksamsten, konkrete Ziele zu digitalisieren. Je spezifischer die Impulse, desto konkreter die Vorstellungsbilder, desto stärker die zielführende Motivation.

Sie haben als Anwender drei Möglichkeiten, um mit Hi-Tec-Motivation sehr direkt an konkreten Zielen und Entwicklungsthemen zu arbeiten.

Themenbezogene CDs ermöglichen es Ihnen, ohne großen Aufwand Ihr persönliches Entwicklungsthema mit Hi-Tec-Motivation zu unterstützen. Die verfügbaren Titel finden Sie auf unserer Website. Alle Audioprogramme sind auf CD oder als MP3-Download erhältlich.

Individuelle CDs bieten den Vorteil, persönliche Ziele und Trainingsinhalte in Hi-Tec-Motivation umwandeln zu lassen. Diese Option wird vorwiegend von Führungskräften, Selbstständigen und Leistungssportlern genutzt, die regelmäßig mit Zielsetzung arbeiten. Zur Erstellung können Sie die Online-Version des ZieleGuides verwenden.

Serverbasierte Trainingsplattformen ermöglichen es Unternehmen, Hi-Tec-Motivation auf Lizenzbasis unabhängig und flexibel zu nutzen. Die Plattformbasis wurde von einem Entwicklerteam der Technischen Universität München konzipiert. Textinhalte können aus anderen Programmen importiert und mit eigenen Soundtracks digitalisiert und exportiert werden. Die Implementierung kann als Schnittstelle leicht in bestehende Zielvereinbarungs-Plattformen oder als Stand-alone-Version in ein bestehendes Intranet eingefügt werden. Die Implementierung begleiten wir auf Wunsch mit einer wissenschaftlichen Evaluation unserer Universitätspartner.

Die Antwort auf die Frage, ob mit Smart Success Ihr persönlicher und beruflicher Erfolg eine neue Dimension erfährt, werden Sie bestimmt nicht von heute auf morgen beantworten können. Eines ist jedoch sicher: Wenn Sie mir bis zum Ende dieses Buches gefolgt sind und die Trainings-CD zu einem regelmäßigen Begleiter in Ihrem Alltag geworden ist, lohnt es sich, zumindest über diese Frage nachzudenken. Wie auch immer Ihre Antwort aussehen mag, ich wünsche Ihnen, dass es Ihnen gelingt, dauerhaft und wirkungsvoll Impulse für Ihren persönlichen Erfolg zu setzen und dass Sie die Muße haben, Ihren Erfolg zu genießen. Mit anderen Worten: Ich wünsche Ihnen für die Zukunft smart success!

Ihr

Heiko Martens-Scholz

Dank

Dieses Buch wäre ohne die liebevolle Unterstützung vieler Menschen aus meinem beruflichen und privaten Umfeld unmöglich gewesen. Besonderer Dank gilt meiner Lektorin Manuela Eckstein und dem Gabler Verlag, meiner Agentin Bettina Querfurth von Connecting Team, Prof. Dr. Lothar Seiwert, der mich zu diesem Buch ermutigt hat, meinen Freunden, Kollegen und Partnern, die direkt und indirekt am Buch mitgewirkt haben, und last, but not least, meiner Familie für ihre Geduld mit mir.

Literaturverzeichnis (Auswahl)

■ Klassische Erfolgsbücher

Carnegie, Dale: Wie man Freunde gewinnt, Frankfurt 2006
Covey, Steven R.: Die 7 Wege zur Effektivität, Frankfurt 2001
Egli, Rene: Das Lola-Prinzip, Oetwil 1999
Enkelmann, Nikolaus B.: Der Kennedy Effekt, Heidelberg 2002
Gawain, Shakti: Stell Dir vor, Hamburg 2004
Hay, Louise L.: Du kannst es, München 2003
Hill, Napoleon: Denke nach und werde reich, München 2005
Murphy, Joseph: Die Macht Ihres Unterbewusstseins, München 2005
Peale, Norman Vincent: Die Kraft positiven Denkens, Zürich 1994
Roger, John; McWilliams, Peter: Life 101, Los Angeles 1991

■ Bücher über Gehirn und Geist

Csikszentmihalyi, Mihaly: Flow, das Geheimnis des Glücks, Stuttgart 1991
Krebs, Charles T.: Lernsprünge, Kirchzarten 1998
Häusel, Hans-Georg: Think Limbic!, Planegg 2000
Holler, Johannes: Das neue Gehirn, Paderborn 1996
Pease, A. & Barbara: Warum Männer nicht zuhören und Frauen schlecht einparken, München 2002

■ Bücher über Management, Zeitmanagement, NLP

Christiani, Alexander: Weck den Sieger in Dir, Wiesbaden 2000
Gerken, Gerd: Der neue Manager, Freiburg 1995
Küstenmacher, Werner Tiki; Seiwert, Lothar: Simplify your life, Frankfurt 2003
Nahler, Michael: Vom Wunsch zur Wirklichkeit, Paderborn 1996
Seiwert, Lothar: Das neue 1x1 des Zeitmanagement, München 2003
Seiwert, Lothar: Das Bumerang Prinzip – Mehr Zeit fürs Glück, München 2002
Seiwert, Lothar: Die Bären-Strategie: In der Ruhe liegt die Kraft, München 2007
Seiwert, Lothar: Noch mehr Zeit für das Wesentliche. Zeitmanagement neu entdecken, München 2007
Simon, Walter: Moderne Managementkonzepte von A-Z, Offenbach 2002

■ Bücher über Mentaltraining in Sport und Management

Bollettieri, Nick: Classic Tennis Handbook, New York 1999
Eberspächer, Hans: Gut sein, wenn's drauf ankommt, München 2004
Grube, Claus D.: Gewinnen beginnt innen, München 2004

Loehr, James E.: Tennis im Kopf, München 1991
Sterzenbach, Slatco: Der perfekte Tag, München, 2007

Internet-Links, Tools und Software

Hier finden Sie wertvolle Tipps, weiterführende Tools und Links zu unseren Netzwerkpartnern. Diese und weitere Infos finden Sie auch online auf unserer Website (Login-Daten finden Sie bei der Kontaktadresse).

Brandeins
Wirtschaftsmagazin
www.brandeins.de

Bertelsmann Stiftung
www.bertelsmann-stiftung.de

Gabal e.V.
Weiterbildungsverband
www.gabal.de

Gallup Strengthsfinder
Stärkenprofil Analyse-Tool
www.strengthsfinder.com

German Speakers Association
Deutsche Sektion der IFFPS, internationaler Verband der professionellen Speakers
www.germanspeakers.org

Getting a grip on time, Robyn Pearce
Globales Zeitmanagement Institut
www.gettingagrip.com

Getting things Done
Online-Zeitmanagement-Tool nach David Allen
www.gtdv2.icommitonrails.de

Herrmann Dominanz Profil
Herrmann International
www.hid.de

Ideale Lösungen, Elke Brunner
Office Coaching
www.ideale-loesungen.de

Magix
Audiosoftware
www.magix.de

Media Sound Design
Akustische Unternehmensberatung
www.mediasounddesign.com

Odeon-Center
Inkubator für Entrepreneurship an der LMU München
www.odeon.uni-muenchen.de

Seiwert-Institut GmbH
Time-Management, Life-Leadership® und Work-Life-Balance
www.seiwert.de

Seminar & Tagungsbörse
Leitmesse der deutschen Veranstaltungsbranche
www.s-t-b.org

Speakers Excellence
Referentenagentur
www.speakers-excellence.de

Sports Pro Emotion
Eventagentur für Sportpromotion
www.sports-proemotion.de

Traumcoach, Bernd Rohr Consulting
Life-Design-Tool
www.traumcoach.com

UnternehmerTUM
Inkubator für Entrepreneurship an der TU München
www.unternehmertum.de

WWS Wittig
Messemarketing
www.wws-wittig.de

2 W Media
Multimedia & Webmarketing
www.zweiw.de

■ Zugangscode für Leser-Service mit Downloads und Links

User: hitec

Passwort: GablerBuch

Stichwortverzeichnis

Der Autor

Heiko Martens-Scholz, Jahrgang 1962, ist Gründer und Geschäftsführer der HMS Consulting Group. Er studierte an der FU Berlin und am International College of Realties, Los Angeles, Motivationspsychologie und gilt als einer der führenden Pioniere im Bereich computergestützte Lern- und Trainingsmedien in Europa. Die gemeinsam mit der TU München entwickelte Hi-Tec-Motivation wurde mehrfach ausgezeichnet (u. a. beim Start Up Wettbewerb von McKinsey & Co., Sparkasse und Stern Magazin). Sein Hauptwerk über Motivationstechnologien und Globalisierung wurde beim International Schumpeter Award ausgezeichnet. Als Referent und Ziele-Coach hat er sich weit über die Grenzen Deutschlands hinaus einen Namen gemacht. Zu seinen Partnern zählen die Seiwert Institut GmbH, Speakers Excellence und renommierte Universitäten und Weiterbildungsverbände im In- und Ausland. Heiko Martens-Scholz lebt und arbeitet in München.

Kontakt:

Heiko Martens-Scholz
HMS Consulting Group
Hugo-Weiss-Str. 50
81827 München

Telefon: 089-95456981
Fax: 089-95456981

E-Mail: info@hms-consulting.de

Internet: www.hms-consulting.de
www.hi-tec-motivation.de
www.smart-success.de